La chica de los ojos marrones

Paula Ordovás

La chica de los ojos marrones

ESPASA

Espasa, sello editorial de Editorial Planeta, S. A.
Avda. Diagonal, 662-664, 08034 Barcelona
www.planetadelibros.com
www.mrediciones.com

Diseño de la cubierta: Planeta Arte & Diseño
Imagen de la cubierta: © Rafa Gallar
Fotografía de la autora: archivo de la autora
Versión final del texto: Noelia Jiménez

Primera edición: mayo de 2025

ISBN: 978-84-670-7552-6
Depósito Legal: B. 7.311-2025
Preimpresión: Safekat, S. L.
Impresión: Huertas, S. A.
Printed in Spain - Impreso en España

A la niña de los ojos marrones.
Siempre fuiste poderosa, no porque no tuvieses miedo,
sino porque seguiste adelante con fuerza a pesar de él.
Y nunca jamás te apagaste.

Al amor de mi vida, mi marido,
por bailar conmigo bajo la lluvia.

ÍNDICE

INTRODUCCIÓN

Érase una vez una niña de ojos marrones y corazón en la sonrisa. Quería conocerlo todo. Quería jugar. Quería reír.

La niña de los ojos marrones era yo, y bailaba en el asiento de atrás del coche de mi padre mientras sonaba en la radio *Brown Eyed Girl.*

Going down the old mine with a
transistor radio,
standing in the sunlight laughing,
hiding 'hind a rainbow's wall,
slipping and sliding
all along the waterfall with you.

Cuando solo tenía cuatro años, mi vida cambió para siempre. Un adulto me cogió la mano para llevarme a una casa oscura donde, con la excusa de «jugar», hizo añicos mi inocencia.

Pasaron semanas, meses, años. Fui creciendo, mientras ese adulto malvado seguía arrastrándome una y otra vez a una pesadilla de la que no había manera de despertar.

Intentaba imaginarme muchas veces de mayor, seguramente esperando que alguien llegase para salvarme. Para protegerme. Hasta que pronto me di de bruces con una realidad revelada a destiempo: tenía que ser yo misma la protagonista de mi propia historia. Únicamente estaba en mis manos poder salvarme.

Durante años escribí mi vida como pude. Defendiéndome del mundo. Haciéndome fuerte a la fuerza. No me quedaba otra.

Esta niña de ojos marrones hoy tiene casi cuarenta años. Puedo sentirme orgullosa al decir que he tenido el coraje de reescribir un cuento de miedo para transformarlo en un relato de superación. Un relato en el que, por supuesto, existe el amor, mi pequeño gran castillo, y bailes de gala con vestidos esplendorosos, pero también, una manzana envenenada que estuvo a punto de costarme la vida: la depresión.

En estas páginas, os abro mi caja fuerte de recuerdos —algunos, perdidos en la memoria durante años y años— para conjurar fantasmas y cambiar las manzanas envenenadas por el alimento sano para el alma: el amor por una misma. El más sincero y, al mismo tiempo, el más difícil de conquistar.

Te invito a conocer mi historia de sanación.

Gracias por acompañarme.

Capítulo I

AVE FÉNIX: LA VIDA ECHÓ A VOLAR EN UN AVIÓN

El 3 de marzo de 2024 volví a nacer. Fui consciente cuando me acomodé en el asiento del avión que me traía de vuelta a casa tras completar la maratón de Tokio. Me había convertido en una de las 58 mujeres españolas en tener la Gran Medalla de las Six Majors del mundo; un reto que me había propuesto seis años antes y que han logrado menos de tres mil mujeres en todo el planeta.

Estaba a punto de despegar y me sentía más en tierra que nunca. De vuelta a mi raíz.

Con la ligereza de quien ya sabe que surcar el cielo requiere tener los pies en el suelo y estar dispuesta a saltar sin red.

Apreté fuerte la mano de Chino, mi marido; cerré los ojos y respiré profundo y ligero. Sentí que todo cobraba sentido y que aquel final era el mejor de los principios.

Estaba feliz, pero también rota. Fundida. No era cansancio físico: era algo mucho más hondo. Dos semanas antes, había enterrado a mi padre. A mi Jefe. Y esa maratón que completaba mi gran reto se había convertido, en realidad, en la carrera de nuestras vidas. Solo que nos llevaba a diferentes puntos, aunque ahora empiezo a pensar que, de algún modo, ese punto era el mismo: el reencuentro con la autenticidad de la vida.

Todo viaje de vuelta requiere un trayecto de ida. El mío hacia Tokio fue tan retador como el hecho de completar aquella maratón y culminar las seis maratones. Volé sola. Con veintiséis horas por delante para enfrentarme a todos mis miedos. Por primera vez, mi entrenador no venía conmigo: había planeado viajar con su familia en otro vuelo. Chino también llegaría días más tarde. Y ahí estaba yo. Sola. Mirando de frente a mi reto y a mis recuerdos. Con el estómago encogido de miedo y, al mismo tiempo, con un escalofrío de ilusión que me sacudía el cuerpo por completo.

La soledad física contrastaba con un sentimiento que, hasta entonces, no había experimentado nunca: saberme acompañada más allá de lo que la mente humana puede concebir. A pesar de haber muerto, el Jefe venía conmigo.

Era inevitable. Primero, porque la palabra «avión» es él. El Jefe. Comandante de Iberia toda su vida; siempre de aeropuerto en aeropuerto. Llegó a tener el récord de horas de vuelo en el McDonnell Douglas DC-9. Y era tal su pasión por los aviones que se jubiló bastante más tarde de lo habitual en su gremio.

Como suele suceder en estos casos, mi padre pasaba bastante más tiempo volando que en casa, con nosotros. Pero su profesión también nos dio la oportunidad de viajar desde muy pequeños, bien porque lo acompañábamos en algunos vuelos, bien porque contábamos con más facilidades para hacerlo por ser familia de aviador. Supongo que ahí empezó mi pasión por conocer mundo.

Viajar con el Jefe en la cabina era lo más. Ahora ya no es posible, porque la legislación se ha endurecido mucho, pero cuando yo era pequeña los hijos de los pilotos podíamos estar en las cabinas. Recuerdo algún vuelo en el que mi hermano Manu y yo dormíamos en sus camas plegables. Verlo a los mandos, controlando todo, mientras anochecía… Sin duda, este es uno de los grandes recuerdos con mi padre.

A pesar de que su profesión le obligaba a estar tanto tiempo fuera de casa, su figura siempre me dio seguridad. Se lo escribí en una carta cuando le diagnosticaron el cáncer de pulmón que se lo llevó. Le confesé que, de niña, sentía tranquilidad cuando regresaba a casa. Me sentía a salvo con él.

Buceo en mis recuerdos: lo veo entrar por la puerta y rápidamente vuelvo a ser la niña que nunca fui. Recupero esa sonrisa, esa energía, esas ganas de que deje la gorra sobre la mesa, me coja entre sus brazos y me abrace muy fuerte.

¡Estaba tan guapo siempre! Especialmente con su uniforme de comandante: su chaqueta con galones, su corbata, su gorra… De hecho, el día que murió no tuvimos ninguna duda de cómo vestirlo para despedirnos: haría su último viaje con su uniforme. Y el Jefe estaba tan guapo como lo había estado toda la vida.

* * *

«Good morning, ladies and gentlemen. You are boarding our flight number QR807 to Doha».

El mensaje de bienvenida de la tripulación me devolvió al presente. Era una curiosa sensación de vuelta a casa. Estaba instalada en ese momento, sin pensar en los seis años que llevaba preparándome para cumplir el reto que acababa de conseguir, envuelta en una disciplina máxima que nadie más que yo me había impuesto. Dentro de mí se mezclaban dos potentes sentimientos encontrados: la ilusión de haber llegado a una meta para la que lo había dado todo y el vacío por sentir la nada al otro lado de esa misma meta.

Nunca me había permitido vivir sin planear el siguiente paso. Después de un reto venía otro y luego, otro; y otro más, sin tiempo para respirar, ni mucho menos para disfrutar. Era como si no quisiera tener vacíos, como si mi lista interminable de objetivos por cumplir fuese la gasolina que me permitía seguir moviéndome.

En aquel avión me di cuenta de que no había siguiente reto. Y no pasaba nada.

Ahí fui consciente de que realmente acababa de cruzar no solo la línea de meta de una maratón fundamental en mi carrera deportiva: había superado la primera meta volante de algo aún más especial y único. Toda mi vida antes de Tokio estaba, de alguna manera, manchada. En cambio, en ese avión de vuelta a casa fui por primera vez plenamente consciente de que me encontraba en una etapa de resurgimiento personal, que llegaba después de un año de terapia intensiva y mucho trabajo interior.

Las fichas del puzle de mi historia empezaban a encajar.

Podía comenzar de nuevo.

Surgió en mí una emoción muy fuerte, nueva y placentera: arrancaba un nuevo ciclo en mi vida. Y eso me transmitía una paz que no recordaba haber experimentado en ningún otro momento. Porque, al fin, me sentía de verdad.

De nuevo, pensé en el Jefe. Él ya no estaba. No estaría más. Cuando bajase del avión no podría correr a verlo a casa para abrazarlo. Solo podría pensarle y estar con él en mis recuerdos.

Esta última maratón llevaba su nombre desde el principio. Toda mi preparación coincidió con el desarrollo de su enfermedad. Quise estar más cerca que nunca de él para cuidarlo y disfrutarlo. Esto me permitió tenerlo a mi lado al final de mi agotadora cadena de exigencia. Como un apoyo clave que vivió de mi mano cada paso, sin soltarme hasta cruzar la línea de meta. Porque, aunque ya no estuviera físicamente conmigo, su presencia lo inundaba todo.

Me resulta difícil ordenar todos mis pensamientos y trasladar al papel este vendaval de emociones. Me vuela la cabeza cada vez que pienso en Tokio, en lo que me dirigió hasta allí. Para mí es sanador volver sobre mis vivencias y darme cuenta de que cada una de ellas me llevó a sentirme tan imparable como cuando crucé la meta de mi sexta Major.

Hacía solo seis años que había corrido mi primera maratón, en Chicago. Seis años, seis Abbott World Marathon Majors. Lo pienso y casi me parece increíble, si no fuera porque llevo en mis piernas cientos y cientos de horas de entrenamiento de noche, con lluvia, con viento, con dolores..., sin importarme nada más que superarme a mí misma.

Chicago, Nueva York, Boston, Berlín, Londres. Estaba claro que ya tenía experiencia. Sin embargo, Tokio era una carrera muy diferente a todas las anteriores. Primero, porque era la última. Suponía completar ese reto para el que tanto me había preparado. Un desafío en el que yo era la única que me exigía a mí misma ir mucho más allá de mis fuerzas. Como siempre, yo he sido la persona que más al límite me he llevado con más exigencia, con más carga, con más dureza.

Pero Tokio, como os he contado, fue diferente, fundamentalmente por mi padre. El resto de las carreras me las había tomado como un desafío personal. Sin embargo, cuando empecé a prepararme para la última, llegó el diagnóstico del cáncer del Jefe y nuestras luchas fueron paralelas.

Durante mucho tiempo, pensé que él podría estar en la meta, abrazándome. Lo creí ciegamente. Mientras escribo estas líneas, tengo a mi lado un cuaderno que simboliza todo esto. En su portada pone: «La libreta de Paula en la que se cumplirán todos los sueños». Se la envié a mi padre y le dije: «Jefe, mi sueño es que estés conmigo en Tokio, porque eso significará que estás bien». Él la tuvo guardada mucho tiempo. Ahora, vuelve a estar conmigo, con otros sueños cumplidos a medias.

Junto al reto deportivo, en esos meses afronté el reto de recuperar a un padre. Había vivido demasiado tiempo distanciada de él. Era un gran desconocido y tuvo que llegar una enfermedad para acercarnos. Aprendí a ponerme en su lugar. Sin juzgarle: simplemente tratando de comprenderlo.

Fue curioso. Mi padre, que durante tantos años había sido ese hombre fuerte e inquebrantable, ese conquistador con cierto aire presumido y siempre galante, que no se permitía otra cosa que no fuera la rectitud, conmigo encontró el espacio seguro para mostrarse vulnerable. El Jefe nunca habló de sentimientos —o, al menos, yo no lo recuerdo—; sin embargo, durante todos esos meses de lucha contra la enfermedad, conmigo fue como realmente era.

Esa fue la clave para que yo también me quitase la coraza y me mostrase tal cual soy. Fuimos cien por cien nosotros.

---

* * *

Mi padre vivía literalmente en el aire. Voló tanto que se quedó sordo, por la presión de las cabinas y por el submarinismo, porque también le encantaba bucear y, como le destinaban en muchas ocasiones a lugares ideales para ello, no perdía ocasión de sumergirse en el mar.

Aunque no lo verbalizó nunca, creo que uno de los momentos más duros de su vida llegó con la jubilación. De pronto, se encontró con que había perdido el motor de su vida. Lejos de los aviones, con sus hijos ya adultos, haciendo cada uno nuestra vida, se sintió perdido.

Su segunda familia eran sus amigos comandantes. De hecho, tuvo muchísima vinculación con ellos durante su enfermedad: iban a su casa y jugaban al mus, después de disfrutar de una buena comida con judiones de La Granja, que a él le encantaban.

Le gustaba comer bien y le gustaba fumar. Le apasionaba. Su pasión fue también su perdición.

Uno de los recuerdos más nítidos que guardo de mi padre es su imagen sosteniendo un pitillo entre las manos y llevándoselo a los labios con una elegancia fuera de lo normal. Era un hombre extremadamente guapo. Superatractivo. Tanto que en Iberia acuñaron una frase para él: «Ordovás, ¿qué las das?». Y claro, un conquistador como él no pudo haberse ido otro día que no fuera un 14 de febrero, el Día de los Enamorados.

El Jefe se llevaba a todo el mundo de calle. No solo a las mujeres. Su don de gentes era espectacular. Un hombre divertido, con mucha chispa, que resultaba casi magnético. Era un disfrutón de la vida. Lo recuerdo en el avión, explicando un aterrizaje justo al amanecer: «En breve tomaremos tierra, pero antes fíjense en la belleza que encontrarán al mirar por la derecha: tienen los Cayos, frente a la bahía de Santa Clara, un auténtico espectáculo justo ahora, que está amaneciendo. Voy a hacer un aterrizaje como a mí me gusta...».

Sentirle disfrutar de esa manera era increíble. Su pasión por volar era contagiosa y tanto mi hermano Manu como yo la hemos vivido muy de cerca.

Me apasiona volar. Para mí, un vuelo es ilusión. Es una experiencia increíble que combina el miedo a lo desconocido con el deseo de conocer algo nuevo.

Y un avión es también mi infancia. Cuando vivíamos en Paracuellos del Jarama, estábamos al lado del aeropuerto de Barajas y los aviones se oían todo el rato. Crecimos con ese sonido. Era algo así como la banda sonora de nuestro día a día. Recuerdo que cuando venían amigos y pasaba un vuelo, decían:

—¡Qué fuerte, un avión!

Y nosotros nos sorprendíamos de su sorpresa: no éramos conscientes de aquel sonido, porque nos habíamos criado con los aviones aterrizando y despegando. Cuando papá no estaba en casa —que era el noventa por ciento del tiempo—, veíamos los aviones pasar por encima de nuestra casa y nos ilusionábamos pensando que allí iba el Jefe.

Tokio me hizo aterrizar en la verdadera Paula. En mi equilibrio. Era extraño, pero al mismo tiempo emocionante. Por una parte, sentía una ilusión tremenda.

Era más yo que nunca. Había dejado salir a la Paula de verdad y este camino me hacía disfrutar de una plenitud que nunca había vivido.

Pero también sentía un gran vacío. Estaba pasando el duelo por la muerte de mi padre. Nunca más le iba a oler, ni podría tocarle, ni verlo más allá de los vídeos y las fotos. Y había otro duelo más, uno personal: llevaba seis años preparándome con una exigencia brutal para un reto que ya había llegado a su final. *Check.*

* * *

Todo pasa por algo. Hoy lo sé. Yo quería acabar las seis Majors en Londres, pero tenía que ser en Tokio, y tenía que ser un año después, para que mi padre pudiera acompañarme en ese último viaje, mientras él recorría también la última etapa de su propio vuelo.

La enfermedad del Jefe llegó de buenas a primeras. Un buen día empezó a notar que le faltaba el aire al caminar. Mi tía Paloma, que quedaba muchísimo con él, se dio cuenta. Mi hermano Manu también:

—Respira fatal —me dijo.

Me intranquilicé y fui a verlo tan pronto como pude.

Chino tuvo la misma sensación:

—Paula, tu padre no está bien. Tiene el cuello muy inflamado... Debe ir al médico.

Le empezaron a hacer pruebas y rápidamente dieron con lo que tenía: cáncer de pulmón.

Enseguida le dieron la quimio. Para nuestra sorpresa —y por suerte—, llevó bastante bien el tratamiento: tenía artrosis en las manos y cuando tocaba algo frío se le agarrotaban; también se mareaba de vez en cuando, pero no tenía náuseas y comía bastante bien. En eso lo tuvimos muy claro: queríamos que, dentro de lo que le permitiese la enfermedad, disfrutase de la vida, así que se tomaba su vinito de vez en cuando, un plato que le apeteciese... Él se tomó tan a pecho lo de disfrutar que no se privaba ni de su pitillo. ¡Las enfermeras se tronchaban con él!

—Jaime, huele usted a tabaco.

—¿Yo? ¡Qué voy a oler a tabaco yo! ¡Lo que huelo es a que quiero salir de aquí!

Y claro que olía... ¡Se metía en el baño a fumar!

Llegamos a creer que podría salir de aquello. Y eso que nos dijeron que no tenía solución: le daban seis meses de vida, porque el tumor estaba muy avanzado y en una zona muy complicada, que presionaba la vena cava. No obstante, existía la posibilidad de que reaccionase bien a la quimioterapia y el cáncer no fuera a más. Incluso en la revisión de octubre, a los tres meses de empezar con la quimio, nos dijeron que el tumor no se había extendido. Mi padre, contentísimo, me llamó. Yo estaba corriendo y no vi la llamada. Cuando paré a beber agua y me di cuenta, le marqué enseguida, asustada.

—¡Ya está, Chata! ¡Me he curado! ¡Estoy bien!

Aquello me hizo soñar por un momento; pero un día el Jefe fue plenamente consciente de que tenía los días contados. Sucedió en agosto, y por algo tan simple como raparse el pelo.

Se vino a mi casa de Marbella para descansar y yo cada día recogía los cabellos que se le quedaban en la almohada para que no los viera y se viniera abajo. Él no quería raparse y yo no iba a obligarle a hacer nada que no quisiera hasta que no fuera realmente necesario. Pero llegó un momento en que tenía más calvas que pelo, y decidió con mi hermano que sí, que se pelaba.

Él se fue con Chino, mi hermano Gonzalo y Simon, el marido de mi hermana Pilar. Como si fuera un plan de chicos de un día de verano cualquiera. Yo me fui a correr, con la idea de reunirme con ellos a la hora de comer, pero al final terminé acudiendo a la peluquería. ¿Cómo no iba a estar en un momento así?

Verlo sin pelo fue absolutamente impactante. Lo primero que hicimos fue ir a buscar sombreros. Después, volvimos a casa y Chino, una vez más, supo darnos el tiempo que ambos necesitábamos: en lugar de venir con nosotros llevó a mi hermana Pilar y dejó que el Jefe y yo regresásemos solos. Ese rato fue único: aún hoy sigo viendo una y otra vez el vídeo que grabé diciéndonos un «¡te quierooooooooo!» a pleno pulmón.

Conservar todos estos recuerdos me ha ayudado mucho. Y fue gracias a una amiga que perdió a su padre por covid, en pleno confinamiento. Cuando le dije que el mío tenía cáncer, me aconsejó que le hiciera muchísimas fotos, pero sobre todo que le grabase para poder seguir escuchando su voz, porque eso me iba a hacer sentirle más cerca cuando él ya no estuviese. Y así es.

El día que se rapó, mi padre fue consciente realmente de su enfermedad y empezó a tener miedo de morirse.

—¿Cómo te sientes? —le pregunté, cuando nos quedamos solos en casa—. ¿Tienes miedo?

Se le cayeron las lágrimas y tardó unos segundos en responder:

—Chata, estoy acojonado... Me muero, me voy a morir.

Tragué saliva y lo abracé. Me negaba a que pensase así. Jamás le dijimos que era un cáncer terminal y me resistía a que se dejase llevar por una espiral de negatividad que le quitase las ganas de luchar. Pero él era muy hipocondriaco, desde siempre, y verse de pronto calvo ante el espejo le hizo encontrarse con sus fantasmas frente a frente.

—Te vas a poner bien, Jefe. Y tienes que aprovechar cada minuto... —fue lo único que acerté a decir.

Y él me respondió con una frase que me sigue emocionando según la escribo:

—Toda mi vida he jugado a la lotería y no me daba cuenta de que tenía la lotería en casa. Y no he aprovechado el premio hasta ahora, que sé que estoy mal.

En ese momento vi a mi padre de verdad. Quitándonos todas las capas que durante tantos años nos habían servido de coraza. Solo él y yo, nuestros miedos, nuestras vidas al descubierto frente a la presencia inevitable de la muerte.

Fue entonces cuando empecé a comprenderlo. O, al menos, cuando traté de comprenderlo. Sin juzgar todo el tiempo que no estuvo a nuestro lado por su trabajo; ni lo que se perdió de nuestra infancia, ni las ausencias o las incomprensiones.

Darle amor, escucharlo y abrazarlo fue el sentido de todos y cada uno de los días desde que le detectaron el cáncer hasta que murió. Quise que se supiera amado y que dejase atrás ese sentimiento de culpa por no haber sido un padre cercano. Di valor a todas las veces que estuvo, en los momentos más difíciles.

—Yo voy a estar siempre —me dijo cuando dejé de vivir con mi madre y me fui a su casa.

Y estuvo cada vez que lo necesitamos. A su manera, como también nosotros hemos vivido a la nuestra. Pero estuvo para acogerme cuando yo necesitaba respirar lejos de mi madre. Ha estado en todos y cada uno de los momentos difíciles que hemos vivido.

Hoy sé que, aunque haya parecido un padre distante, estaba mucho más cerca de nosotros de lo que pensábamos. Tras morir, ordenando sus cosas, conocí una faceta de él tan sorprendente como emocionante: escribía todo el rato. Tenía diario, agendas, cuadernos..., y yo soy un poco igual que él en eso. Apuntaba todo, hasta las cosas aparentemente más intrascendentes, como que había tomado un café conmigo: «Hoy he quedado con Paulita», escribía..., y yo, al leerlo, le he sentido aún más cerca.

No sería justo decir que fue un padre ausente. Las circunstancias nos llevaron a hacer vidas diferentes. Cuando se separó de mi madre, yo me quedé a vivir con ella. Después, me fui a vivir con mi padre, pero él seguía volando y yo veía más a su novia que a él. Recuerdo que yo estudiaba por las noches y, como él estaba sordo, dormía con la tele encendida a todo volumen, sin enterarse de nada; pero la que no se enteraba de nada de lo que tenía que estudiar era yo. Le compré unos cascos e iba por la casa todo el rato con ellos. Y así estuvo hasta el final. También es cierto que él hizo su vida y yo no le dejé entrar demasiado en la mía.

Desde que fui adolescente, me construí una coraza para protegerme y me alejé.

Ni siquiera hacía las típicas llamadas que veo que hace Chino a sus padres cuando volvemos de viaje:

—Mamá, hemos llegado y estamos bien.

Qué va. Yo no tenía una relación constante con mi familia. Quizá sí con mi hermano Manu, porque nos llevamos muy poco, hemos estado siempre muy unidos y hemos trabajado juntos, porque ha sido mi representante.

Pero yo, inconscientemente, huía de mi entorno familiar. Y a mi padre apenas le cogía el teléfono. Cuando lo hacía, le respondía cortante:

—Jefe, ¿qué te pasa...?

—Nada, Chata, que cuándo nos vemos.

—Uy, pues estoy a tope... Yo te llamo cuando baje un poco el volumen de trabajo.

¡Cuánto me arrepiento de no haberle visto más, viviendo al lado!

Toda aquella ausencia se convirtió en presencia constante los últimos siete meses. Ambos íbamos de la mano a nuestros respectivos retos: él haciendo frente a su enfermedad y yo preparándome para culminar las seis Majors en Tokio.

Hablábamos todos los días: un FaceTime desde el Festival de Cine de San Sebastián («¡Mira, Jefe!, ¿te gusta cómo voy?»); fotos desde la Fashion Week de París («¡Pero bueno, Chata, que te vas con Hermès, con lo que me gustan a mí los caballos!»); y, por supuesto, los entrenamientos («¡Mira, Jefe, ya queda menos para Tokio!»).

Mi meta era también la suya.

—Yo voy a estar bien en febrero, porque mi hija corre la maratón de Tokio y tengo que ir a verla, ¿sabe? —le decía a la oncóloga.

Y ella me miraba y me decía:

—Uf, ¡me lo ponéis muy difícil!

A solas, me confesaba: «Paula, puede que tu padre no esté aquí en febrero». Y solo pensarlo me hundía. Llegué a consulta y me derrumbé:

—No voy a poder hacer Tokio.

—Paula, para ti Tokio implica muchas cosas —me respondió—. Es tu reto, pero también es la enfermedad de tu padre. Es la incertidumbre de pensar: «¿Estará? ¿No estará? ¿Vendrá conmigo? ¿No vendrá porque estará en el cielo?». Es enfrentarte a algo que escapa a tu control, cuando tú quieres controlarlo todo. Y ese final de tu reto, que te has propuesto tú sola, significa mucho.

* * *

Aquel día me di cuenta de que mi historia de superación iba más allá de los 42 kilómetros y 195 metros del 3 de marzo. Tomé conciencia plena cuando recibí el cortavientos para la carrera, con aquel «Jefe, va por ti» serigrafiado en la espalda.

Nada más verlo le hice una foto y lo mandé al chat que tenemos en la familia con mi marido y mis cuñados: «Qué impresión ver esto. Tantos meses sin dormir, pensando cómo sería el desenlace de esta historia, y ahora ya lo sé. No está. Pero está. Aunque se haya ido».

A solas en mi habitación, colocando toda la equipación de la carrera para hacer mi contenido, como siempre, empecé a soltar. Lloraba sin poder parar, como si todo el dolor y la incertidumbre que había acumulado durante tantos meses hubieran estado en una olla a presión y acabasen de estallar. Pero, al mismo tiempo, sentía que no era un estallido como tal, sino una liberación que, en mitad de la tristeza, me llenaba de amor.

Mientras iba colocando cada prenda, la luz del atardecer se colaba por las cortinas. Y sentí lo que yo llamo «el rayo verde», una bocanada de energía en forma de luz que recorría cada una de las palabras grabadas en mi cortavientos: «Jefe, va por ti». Un escalofrío atravesó mi cuerpo, desde la cabeza hasta los pies: sentía que él me abrazaba fuerte y me respondía: «Chata, estoy aquí, contigo. Está todo bien».

No podía parar de llorar. De soltar. Era una presencia que lo inundaba todo, a pesar del gran vacío que sentía al mismo tiempo. Él me había dicho que estaría conmigo en Tokio y, en verdad, lo estaba. Yo podía sentirlo. «Al final viniste. Estaba segura», escribí entonces.

Un día antes de la carrera, no sabía ni cómo estar. Escribí esto en mis notas del móvil:

Es la primera víspera de maratón que no tengo claro lo que siento.

Emoción, felicidad, nervios, tristeza, flaqueza, ganas constantes de llorar. Pero mucho amor al mismo tiempo. Más amor que nunca.

Gracias a todos por vivirlo a mi lado con tanta intensidad. Y a mi Jefe, porque durante meses tuve la incertidumbre de no saber si la correría con él aquí en Tokio; con él en Madrid malito; o dándome alas desde el cielo. Ahora ya sé el desenlace.

Me aterraba pensar qué era lo que iba a suceder, pero gracias, Papá, porque sabías lo importante que era esto para mí y hasta el final lo hiciste perfecto. Te quiero.

«Si la mente puede causar estrés, la mente puede aliviarlo. Está en nuestro poder elegir un pensamiento sobre otro, elegir el optimismo sobre el pesimismo».

Ernest Cadorin

Aquella agitación de emociones, junto a la calma de quien se siente en paz, era como tener dentro de mí una especie de cruce de Shibuya, la línea que separa el caos absoluto de la sincronización perfecta. Ese lugar en el que, en horas punta, pueden cruzarse hasta 2.500 personas cada dos minutos, era un poco yo misma.

Leí el reportaje que escribió Carme Barceló en el diario *Sport*, «La maratón de su vida». Yo no lo podría haber escrito mejor. Me detuve en mis propias palabras: «Me repito a mí misma que puedo con todo a pesar de todo. Que estoy más fuerte que nunca y muy orgullosa de la mujer en la que me he convertido. Siempre he sido muy dura conmigo misma, pero he evolucionado, voy a exigirme menos y a disfrutar más». Necesitaba sentirlas, una por una.

Fui tan dura que me empeñé en entrenar a tope incluso con lesiones. Aún guardo un mensaje de Pablo, mi entrenador, diciéndome: «Necesito que entiendas esto, nada más. Que existe la posibilidad de cambiar los entrenamientos en base a cómo se siente el atleta día tras día. Estoy enojado.

Sos una indomable». Menos mal que tanto él como Vero, mi entrenadora de fuerza, me han sabido devolver a la realidad y, de algún modo, «domarme» hasta donde me he dejado.

Corrí como si el Jefe estuviera en la meta, junto a todo lo que significaba llegar hasta ahí con ese dorsal 62.047 que llevábamos entre los dos: yo desde Tokio; él en el cielo. Y logré hacer mi mejor marca personal. Le agradecí haberme dado alas. Y me agradecí por haber creído en mí y haberme convertido en imparable.

Mi medallero ya estaba completo. Y la frase que lo encabezaba adquiría el máximo sentido: «I'm focussed, I know what I want and I'm going to work hard for it».

Hoy sé que mi compañero de carrera se retiró a tiempo. Después de darle muchas vueltas, creo que si no se hubiera muerto antes de la maratón, muy probablemente no habría tenido el valor de irme a Tokio con la incertidumbre de si moriría mientras yo estaba en la otra punta del mundo. De hecho, a mi hermano Manu, que era quien vivía con él, le había advertido:

—Si pasa cuando esté en Tokio, por favor, no me lo digas hasta que corra. Porque si lo sé antes, no voy a poder correr: querré volver y no podré llegar a tiempo. Y también necesito acabar este reto por mí; pasar por fin esta página.

No fue necesario que nadie me ocultase nada, porque el Jefe se fue una semana y media antes de que yo volase hacia el desenlace de aquel reto a medias.

No olvidaré las palabras de una de las personas que más me ha ayudado en el proceso:

—Lo ha hecho por ti. Se ha ido para dejarte libre, para permitirte completar tu reto después de despedirle.

Y mucha gente no entendía que me subiera a aquel avión y corriese con el peso del sufrimiento de perder a mi padre. Pero, en el fondo, a pesar de toda la tristeza y de todo el dolor, me sentía amada. Lo había recuperado.

Me fui llena de amor, sabiendo que el Jefe estaba conmigo. Y que en esos meses junto a él había podido crecer, porque me había permitido volver a ser niña.

En esos siete meses con mi padre todo cambió. Me iba a verlo y me tumbaba en la cama con él, sin hablar, simplemente abrazados. Y, aun sabiendo que estaba enfermo, me sentía segura a su lado.

Mientras vivía esos momentos, quería que no pasasen nunca, pero sabía que él se iba a marchar pronto. Y me di cuenta de que el miedo a perderle lo estaba combatiendo con la felicidad de estar creando una nueva historia junto a él, en la que el pasado ya había quedado atrás y solo importaba el presente.

Yo, que siempre había tenido mucha prisa por quemar cartuchos y correr una etapa tras otra de una carrera hacia el éxito en la que nunca llegaba al final, cuando de verdad tuve prisa, porque se me acababa el tiempo, aprendí a hacerlo todo más despacio.

Esos siete meses junto al Jefe fueron una vida entera. Él era mi prioridad. Y, con él, yo misma. Era la primera vez que me permitía poner, por delante de todo, mi necesidad de estar junto a él, de quererlo y de que ese amor me hiciera también sentirme querida y arropada.

* * *

En el avión de regreso a Madrid, de pronto abrí los ojos, giré la cabeza hacia la ventana y lo vi. Era un amanecer como aquellos que le gustaban a mi padre cuando pilotaba. Saqué el móvil e hice una foto: ahí estaba el Jefe, formando parte de mi reto hasta el final, agarrándome fuerte la mano para poder soltarme de esta cadena de exigencia autoimpuesta y dándome impulso para volar y permitirme ser yo.

En aquel avión, a 10.000 metros sobre el suelo, me encontré de frente con mi resurgir, con mi reconstrucción más pura. Y, como la vida es un constante equilibrio de contrarios, la muerte formaba parte de esta nueva parte de mí que estaba naciendo. Era la muerte literal, física, de mi padre. Y, además de su ausencia, tenía la de mi autoexigencia: entrenamientos extremos, disciplina espartana, horarios al milímetro, una cadena de superación que me hacía vivir atada a una rueda en la que solo giraba sobre mí misma, sin llegar nunca a ningún lugar que me permitiera disfrutar realmente de lo que estaba consiguiendo.

Sabía que había tres palabras que marcaban mis siguientes pasos: «Y ahora ¿qué?». Pero en ese instante no aparecieron. En cualquier momento pasado de mi vida, apenas hubiera cruzado la línea de meta, estaría involucrada en otro reto extremo que no me permitiese pensar ni disfrutar del éxito recién conseguido. La pausa no era una opción para mí. Porque parar equivalía a sentir. Y eso no formaba parte del guion que yo había escrito para mi propia película.

Seguramente muchas personas me preguntarían: «Y ahora ¿qué?». No las culpo: les había acostumbrado a una carrera agotadora y extenuante en la que, cuanto más corres, más se aleja la meta.

Pero esta vez y para siempre mi siguiente reto SOY YO.

Capítulo 2

PLUSCUAMPERFECTAMENTE INSATISFECHA

Mi próximo reto soy yo, porque durante todos estos años mi mayor aliada fue la autoexigencia.

Me puse la capa de Superwoman como un antídoto de superación constante, disciplina y constancia en todos los aspectos de mi vida: laboral, personal (relaciones de pareja, amistades, familia), deportivo y, por supuesto, físico.

Esa autoexigencia en todos los ámbitos de mi vida, ese disfraz que inconscientemente me había puesto y habitaba en mí desde mi adolescencia, era una forma de liberación y superación personal para no sufrir otra vez.

Me iba poniendo capas para no ser la Paula a la que hicieron daño. Cubría y tapaba todos mis miedos y mis emociones para dejar de sentir. Si no sentía, no volvería a sufrir. Y así fue como se creó ese falso yo, esa Paula empeñada en protegerse con mil armaduras y disfraces para estar segura.

Ese primer disfraz-refugio se basaba en mostrarme independiente y autosuficiente. Y comenzaba en lo económico.

Aún no había salido del colegio Aldeafuente cuando empecé a buscarme la vida para ganar mi propio dinero y no tener que depender en todo de mis padres. Con 17 años me plantaba en Tirso de Molina, en las tiendas de ropa y complementos al por mayor y, con una prima de mi madre que se dedicaba a ese negocio, compraba collares y pulseras ideales y luego los vendía en el colegio a las madres de mis compañeras y a las propias profesoras. ¿Que era el cumple de la secretaria? «Venga, a Paulita Ordovás vamos a comprarle el *look* de los collares de bolas y el de las conchas». Me ganaba unos tres o cuatro euros por pieza y con este dinero podía pagarme las clases extraescolares de matemáticas.

Mi madre un día me dijo:

—Paula, hay que ayudar en casa. Con lo que ganas vendiendo, tienes que colaborar.

Me negué en rotundo. Lo poco que ganaba era precisamente para no tener que pedirle dinero para mi formación: no me lo gastaba en caprichos y, aunque así hubiera sido, ¡era mío! Me parecía una tremenda injusticia que me lo «requisasen».

La respuesta de mi madre fue tajante:

—Pues si no quieres colaborar en casa, te vas.

—Pues me voy.

Y así fue. Tan pronto como terminé la selectividad, me marché de casa con mi hermano Manu.

Había algo de aquella Paula que me encantaría recuperar —y siento que, de algún modo, he empezado a rescatarlo gracias a la terapia—: ese no tener miedo a nada, coger la vida según viene, buscar soluciones y llevarlas a cabo sin mirar atrás.

Sin embargo, el miedo existía. Estaba latente, como dormido. Y quiso aflorar en esos momentos de mi adolescencia, cuando sentí de nuevo la soledad. La desprotección. La injusticia.

Mi reacción fue construir una muralla para que mis emociones no pudieran destrozar los cimientos de mi fortaleza.

La relación con mi madre había llegado a un punto de no retorno y estaba haciendo mella en mí. En los años en los que todo el mundo disfruta de la libertad de la vida universitaria, de las fiestas y de la autonomía, yo estaba obsesionada con terminar lo antes posible mis estudios para trabajar, ganar dinero y volar de mi casa. Poder construir mi vida de cero y donde todo estuviera bajo mi control. Perfecta. Inexpugnable.

Me matriculé en Periodismo en la Universidad Complutense de Madrid. Era el año 2005 y entonces la licenciatura se cursaba en cinco años. Para mí eran demasiados. Tenía que sacarla en cuatro.

En el colegio no había sido precisamente la mejor de las estudiantes. Aprobaba por los pelos y las matemáticas me traían por la calle de la amargura. Pero la carrera me la tomé como una cuestión de supervivencia y aprobaba todo a la primera. Incluso tuve algunas matrículas de honor.

Compaginaba el estudio con el trabajo y, aunque mi padre me ayudaba, mi obsesión era depender de él lo menos posible. Ser independiente por completo tan pronto como pudiera.

Por la mañana iba a clase y por las tardes trabajaba en una tienda de ropa: A Quemarropa. Era algo así como un *outlet* de marcas de lujo, una de las primeras *boutiques* multimarca del momento, que traía firmas que aquí, en España, no existían. Mi labor era coordinar toda la actividad de la tienda, desde preparar escaparates hasta atender a las clientas o mantener ordenados todos los espacios. Como el concepto de esa *boutique* era muy novedoso por aquel entonces, el tráfico de gente era bastante limitado, lo que me permitía estudiar durante los tiempos muertos en los que no había público, si ya había terminado todas las labores que se me habían asignado.

Aquel trabajo me dio una perspectiva muy valiosa del mundo de la moda. De alguna manera, lo estaba viviendo desde dentro, aprendiendo desde abajo. Y ahí entendí por qué, por ejemplo, en Zara todo el mundo empieza vendiendo en tiendas.

Supe enseguida que ganar dinero para mantenerme no era suficiente. Que si estaba estudiando Periodismo y quería dedicarme a la comunicación, tenía que hacer prácticas en el sector desde el primer minuto. Eso era básico para poder desarrollar mi carrera profesional. Y así lo hice.

Para empezar, lancé mi blog, Mypeeptoes. Puedo decir con mucho orgullo que fui una pionera, porque era enero de 2009 y, por aquel entonces, lo de ser bloguera no estaba precisamente de moda en España. Lo que hacía era contar mis experiencias y divertirme organizando mis propios *shootings* con la ropa de mi armario y la ropa de la tienda, porque me parecía que así también ayudaba a dar difusión y aportaba valor a los dueños del negocio, que habían confiado en mí. Insisto: ahora parece algo muy obvio, porque el mundo digital ha avanzado rapidísimo y es el vehículo natural para difundir cualquier marca, pero entonces era casi impensable.

Enseguida apliqué para hacer prácticas de comunicación a través del COIE, el organismo de la Universidad Complutense que conectaba a los alumnos con el mercado laboral. Me interesó una oferta de prácticas en el departamento de prensa de Ifema, para dar soporte de comunicación a las ferias de moda y belleza... y me lancé.

Aún hoy no sé cómo hacía para sacar tiempo para compaginarlo todo: me levantaba, asistía a alguna clase en la facultad, luego me iba a Ifema, salía a las cuatro de la tarde y de ahí me ponía en camino a la tienda hasta el cierre. Cuando llegaba a casa, me hacía con los apuntes del día y estudiaba hasta que se me cerraban los ojos del agotamiento. Y así un día tras otro.

Aquellas prácticas —¡remuneradas!: cobraba 400 euros y para mí era un lujazo— me abrieron los ojos hacia el camino que quería recorrer profesionalmente. Siento una inmensa gratitud hacia Nuria de Miguel, que era la responsable del departamento, porque me dio una gran confianza y me permitió ir más allá de lo que se suponía que tenía que hacer. Se me ocurrió crear un espacio para acreditar a los blogueros de moda, y también lanzar las redes sociales de las ferias de moda y belleza que se hacían en Ifema, entre ellas Cibeles Madrid Fashion Week. ¡Imaginad a una niña de 21 años, que aparentaba menos, con una pinta de nena increíble, diciendo a los directivos de Ifema que había que crear el Facebook y Twitter de Cibeles!

Me miraban como si fuera extraterrestre, pero les di confianza y accedieron. Y entonces empecé a comunicar en directo lo que sucedía en la pasarela y aquello fue todo un éxito.

Y eso que, como las redes sociales eran algo muy nuevo y daban cierto miedo, me tenían que aprobar cada actualización. ¡Algo bastante incompatible con la inmediatez que requería el propio mundo digital!

Pero funcionó. Y fui la única becaria que contrataron en Ifema. Esto me permitió dejar mi trabajo en la tienda y centrarme más en mi faceta de comunicadora.

De nuevo mi trabajo era mi gran fuente de inspiración para mi blog. Llevaba la comunicación digital de ferias como Salón Look, MOMAD, Las 1001 Bodas..., pero con la que disfrutaba a tope era con Cibeles. Estar en el mundo de la moda me daba un contenido de muchísimo valor, que me encantaba comunicar en mi blog. Todo se retroalimentaba de manera muy natural.

Quería más. Yo pensaba que mi sueño era trabajar en una cabecera de moda como *Vogue*. Y allá me lancé. No sé si es que lo manifesté, que estaba para mí, que fue suerte, pero por un contacto familiar hice prácticas el siguiente verano en *Vogue México y Latinoamérica*. La revista tenía la sede en Miami y me instalé en casa de un primo que vivía allí.

Fue una experiencia vibrante y única. Un sueño cumplido del que me desperté pronto. En aquella redacción me di cuenta de que trabajar en una revista de moda no era para mí. Primero, por los horarios, todos los días iguales. En Ifema tenía una hora de entrada y una de salida, claro que sí, y unas funciones que cumplir, por supuesto; pero lo cierto es que cada día era muy distinto al otro y eso era lo que me llenaba de adrenalina. En cambio, en la revista, a pesar de que hacía labores muy variadas —desde escribir noticias sueltas a hacer fotocopias o llevar cafés—, sentía que no profundizaba en nada. Que hacía un trabajo trivial. No podía desarrollar mi faceta creativa tanto como en Ifema... y yo quería comunicar de una manera más personal, no bajo los criterios editoriales de una cabecera. Cuando volví a España, después de aquellas prácticas de verano, todo se aceleró.

Yo tenía mucho más claro mi propósito y la vida me había puesto por delante la visión. Solo había que dar los pasos adecuados.

La comunicación era mi vocación y el mundo digital, mi nicho. Así que seguí trabajando en Ifema y, durante un tiempo, lo compaginé con un trabajo en una marca que era cien por cien *online*. Era superpionera, porque en aquellos momentos todas las firmas que tenían presencia digital habían nacido en el entorno físico: ellos apostaron por la digitalización total y eso me estimulaba mucho. Mi misión consistía en llevar toda la comunicación: desde la creación de *shootings* con su dirección creativa hasta la propia actualización de los canales sociales. ¡Lo hacía todo! Y además me curraba muchísimo cada *shooting:* ponía mi casa patas arriba para conseguir la imagen perfecta que tenía en la cabeza, recorría todo Madrid para encontrar una percha concreta que diera el *mood* que estaba buscando... ¡Me tiraba hasta las mil creando!

Y ahí me di cuenta de que todo ese esfuerzo tenía que revertir en algo que fuera mío.

Así fue como creé mi agencia de comunicación. Y todo gracias a Chino, que me abrió los ojos.

* * *

Abro aquí un pequeño gran paréntesis en la historia de mi vida profesional, porque en ese momento de efervescencia comienza también el que hoy puedo decir que ha sido mi gran proyecto personal: mi relación con Chino.

Eduardo —¡qué raro se me hace llamarlo así!— ha estado a mi lado desde mucho antes de que me pudiera plantear una relación sentimental con él. Nos conocimos en el colegio, pero en aquel momento no compartíamos grupo de amigos. Pasaron unos años antes de que una amiga común, Blanca Cifuentes, nos presentase. Teníamos 18.

Como he contado antes, los 18, que para casi todo el mundo son una edad ilusionante y llena de proyectos felices, para mí suponían un reto personal que se convirtió en una huida de lo que había sido hasta entonces mi vida. No me llevaba bien con mi madre, quería salir de casa como fuera, y me terminé refugiando en casa de mi padre. En aquel momento, el Jefe era un desconocido para mí. Hacía muchos años que mi madre y él se habían separado y apenas habíamos compartido experiencias.

En cuanto pude —cuando mi trabajo en Ifema se estabilizó — me independicé de verdad. Tenía 21.

Durante todo ese tiempo, Chino estuvo a mi lado. Como amigo. Escuchándome, apoyándome, dándome seguridad en cada charla interminable en la que yo trataba de convencerme a mí misma de que era imparable, que el miedo no se había hecho para mí y que iba a salir adelante. Costase lo que costase.

En una vida tan frenética como la que yo llevaba, obsesionada con mi libertad y mi trabajo, rota por dentro —aunque todavía no lo supiera—, era bastante difícil que pudiera funcionar una relación de pareja.

Había salido con algunos chicos. Y ninguna de esas historias había prosperado. Mis amigas se reían conmigo, porque sabían que, a los tres o cuatro meses de empezar con alguien, me entraba la angustia, una sensación de rechazo insoportable, que me hacía dejarlo.

Por eso, me daba mucho miedo intentar algo con Chino. Era mi mejor amigo. Mi compañero. Mi confidente. Era mi gran apoyo y un hombre al que realmente admiraba y quería sin reservas.

Me daba pavor traspasar esa línea que separa la amistad del amor, sin darme cuenta de que el amor ya existía y que solo tenía que ser yo. ¡Ser yo!

Ahora sé lo que significa. Entonces no podía verlo.

Crecí escuchando a mi madre decir que el amor no existe. Cualquier ocasión era buena para soltar su manifiesto antiamor: una película romántica, contar que estaba saliendo con alguien, ver una boda en una revista... Llegué a creérmelo, por haber vivido en una familia donde habitaba el desamor. Pero ¿cómo que el amor no existe? Chino es la muestra más auténtica de amor. Él es mi suerte. Y crecer a su lado ha sido uno de los regalos más bonitos que me ha dado la vida.

Recuerdo entrar en nuestra primera casa, una auténtica caja de zapatos, pequeñísima, porque no podíamos permitirnos nada más espacioso. Pero lo que faltaba en superficie se compensaba con unas ganas inmensas de vivir y crecer juntos, un esfuerzo compartido a medias. Mirábamos a nuestro alrededor y sentíamos la inmensa suerte de tenernos el uno al otro, de ser nuestro sostén mutuo. Porque en aquel momento estábamos muy solos: nuestros padres no nos apoyaron en nuestra decisión de casarnos.

Solo teníamos 24 años cuando planteamos la boda. Y era delicado. Nuestras familias veían con buenos ojos nuestra relación —de hecho, nos conocíamos de toda la vida—, pero lo que no tenían tan claro era que ese fuera un buen momento para casarse. Mi padre creía que el amor no exigía papeles; y los padres de Chino apostaban por esperar un poco —en aquellos años la crisis económica que vivíamos en España lo inundaba todo y nos sumió en una gran incertidumbre—. Mi madre era la única que decía que teníamos que casarnos. Que lo de irnos a vivir juntos sin boda no estaba bien. Que estar casada con Chino me daría seguridad. Ella, claro, opinaba desde la perspectiva de una mujer que se ha pasado la vida sufriendo en el amor, que no ha encontrado una relación de pareja sana y que, cuando conoció a mi padre, empezó una vida con él sin boda de por medio. Quizá era lógico que ella asociase la falta de «legalidad» con el fracaso de una relación, pero el tiempo me ha demostrado que no son precisamente los papeles los que hacen que el amor funcione.

A pesar de las trabas, decidimos casarnos. Dijimos que nosotros nos ocuparíamos de todo y renunciamos a la clásica boda en la que los padres invitan y se encargan de los gastos: preferíamos una boda pequeña, con lo que nosotros pudiéramos aportar, pero conscientes de que nuestro propio esfuerzo hacía posible nuestro crecimiento como pareja.

Estuvimos cinco años juntos antes de pasar por el altar.

Para nosotros no era un puro trámite, algo que se hace «porque toca», sino un auténtico compromiso sagrado, indisoluble y para siempre.

Yo no quería repetir la historia de desamor que había vivido en casa. Me daba pavor la simple idea de pensar que mi matrimonio pudiera romperse y no solo porque me devolvería a aquella niña de ojos marrones, aquella Paula indefensa y sola, sino porque en Chino había encontrado el compañero perfecto, el apoyo incondicional, la simbiosis única de amor, compromiso, amparo y crecimiento, un espacio seguro donde refugiarme y crecer, construyendo a medias una vida llena de significado y propósito.

Nos casamos el 29 de junio de 2012. Sonrío cuando me recuerdan aquel día como «la primera boda *influencer*», porque la verdad es que lo vivimos como algo natural y familiar, lleno de simbolismo y detalles muy nuestros.

El primero, la propia iglesia: elegimos Santa Bárbara, en Madrid, porque allí se habían casado mis abuelos, y yo, cada vez que pasaba por la puerta, con esas escaleras maravillosas y esa fachada de cuento, pensaba: «Si alguna vez me caso, será aquí».

Mis hermanas, Pilar y Moyra, me acompañaron en mis últimas horas de soltera en el hotel y mi Jefe fue el brazo que me llevó al altar. ¡Estaba tan guapo!

La moda, que tanto significa en mi vida, fue el hilo conductor de la celebración, empezando por el lugar que elegimos para festejar: el Museo del Traje. Todo estaba inspirado en el mundo de la moda, desde el Kissing Room hasta la Champagne Station o la decoración, realizada con maniquíes vestidos con telas *vintage* y materiales naturales.

Y, de nuevo, todo lo hicimos solos. De hecho, si algo cambiara de mi boda —que para mí fue auténticamente perfecta—, sería apoyarme en una *wedding planner* que me permitiera delegar para no llegar agotada a mi propia fiesta.

Pero es que así era mi vida. Yo quería controlarlo todo. Más que supervisar, encargarme de cada detalle en todos y cada uno de los ámbitos de mi vida: crear, organizar, realizar y reportar. Todo menos disfrutar, aunque la boda la disfruté, ¡eso seguro!

* * *

Precisamente, ese modo que tenía de concebir mi vida, encargándome de todo y esforzándome por hacerlo especial, fue lo que a Chino le hizo ver que tenía que dar mi gran paso profesional: crear mi propia agencia de comunicación.

Peeptoes Comunicación nació como la evolución natural de todo el trabajo que yo llevaba años haciendo para Ifema en sus ferias de moda y belleza, pero, en este caso, directamente para las marcas: *shootings,* notas de prensa y relación con medios, organización de eventos...; una comunicación digital integral.

Mi primer cliente fue, de hecho, Ifema. Pasaron de contratar a Paula a trabajar con Peeptoes Comunicación. Durante seis años estuve llevando la comunicación digital de Cibeles Madrid Fashion Week ya no como empleada, sino con mi propia agencia.

Enseguida llegaron otras marcas que confiaron en mí... y, a todo esto, seguía con mi blog, que tenía mucho éxito y no paraba de crecer. ¡Y yo lo hacía todo! Me metía unas palizas de curro importantes.

La primera ayuda que tuve fue la de mi hermano Manu. Había estudiado Administración y Dirección de Empresas y trabajaba en un banco, pero él, de carácter muy creativo, sentía que se ahogaba en unas oficinas tan corporativas. Aprovechó unos días de vacaciones para dejarlo y me dijo:

—Paula, si necesitas ayuda, cuenta conmigo.

—Es el momento —le contesté.

Y así arrancamos. Él me hacía fotos, me daba soporte en las tareas del día a día... y fuimos creciendo juntos hasta que se convirtió en mi representante. Todo fluía de una manera muy natural, muy orgánica. Trabajábamos un poco a ciegas, porque éramos —sin saberlo— pioneros de la comunicación digital y nuestros avances se basaban casi siempre en el método ensayo-error. Pero eso nos permitía aprender mucho más y crecer de manera sólida y auténtica.

Los reconocimientos llegaban: entidades tan prestigiosas como Acotex (Asociación Nacional del Comercio Textil), en 2013, o la revista *Cosmopolitan,* en 2015, me reconocieron como Mejor Blogger. Todos ellos me impulsaban a seguir creciendo y probando cosas nuevas para comunicar más y mejor.

Así fue como abrí mi perfil de Instagram.

Al principio lo usaba como todo el mundo: para retocar fotos y poner mil filtros que ahora nos parecen espantosos. En ese momento, no pensábamos que estuviéramos ante una nueva red social con el potencial que ha demostrado tener, sino que la veíamos como una aplicación para jugar con la fotografía.

El blog era mi principal herramienta de comunicación, aunque es cierto que encontré la manera de dar una personalidad a cada uno de los dos canales de los que disponía: las actualizaciones diarias pasaron de My Peeptoes a Instagram y en mi blog ampliaba contenidos, como guías de las ciudades a las que viajaba para los desfiles y otro tipo de historias más elaboradas de lo que podía hacer en Instagram. Así, la red social se transformó en el vehículo que llevaba tráfico a mi blog.

Todo tenía que ser perfecto. Y para perseguir la perfección no existen límites.

El propio concepto de perfección es un limbo al que nunca llegas, porque cuanto más te acercas, más sientes que te falta un mundo por recorrer.

En el blog no me importaban tanto las visitas como la excelencia en lo visual. Mis grandes referentes estéticos eran, fundamentalmente, blogs suecos, como Fashion Squad. Me fijaba mucho en cómo estructuraban el contenido en lo visual, los colores, la composición...

En aquel momento la moda era el tema clave de todos mis contenidos. La Paula que hoy conocéis, que apuesta por el *fitness* y la belleza, no existía. ¡Era un desastre en el plano *beauty!*

Recibía cosméticos de las mejores marcas y los probaba todos, sin tener en cuenta mi tipo de piel ni mi situación concreta. Pensaba que si tenía en casa una crema que costaba 400 euros sería buena por fuerza..., y lo era, claro, pero quizá para una mujer con una edad distinta a la mía y otras necesidades completamente diferentes a las que podía tener yo. Resultado: mi cara era un desastre. Recuerdo que con 30 años tuve un brote de acné horrible y, para disimularlo, iba maquillada incluso a la playa.

Empezar a formarme en el sector de la belleza me llevó al siguiente paso: cuidar mi cuerpo desde un punto de vista no tan cosmético, sino más *fitness*. Y esto, a su vez, me hizo avanzar hasta la siguiente casilla del juego: la alimentación.

Pero ya sabéis: yo no podía hacer nada que no fuese perfecto. Así que no me bastaba con entrenar lo suficiente como para ponerme en forma y sentirme mejor. No: yo tenía que pasar de ahogarme con cinco minutos de trote a plantearme competir en maratones y hacer las seis más importantes del mundo.

No me bastaba con alimentarme correctamente y sentirme mejor: tenía que seguir una dieta absolutamente perfecta, sin saltarme una sola comida, una sola bebida, un solo suplemento. Sin darme ningún tipo de capricho.

Si iba a un evento donde hubiera un cóctel, yo cenaba antes en mi casa lo que mi dieta marcase. No me salía de ahí bajo ningún concepto. Tampoco me daba apuro que alguien me preguntase por qué no comía tal o cuál cosa, porque tenía la respuesta perfecta: «Me estoy preparando para una carrera».

* * *

Empecé a correr para huir de mí misma. Y no me he dado cuenta hasta ahora. Nunca he sido una gran deportista: el deporte no me atraía en absoluto. Recuerdo que fui monitora con Chino en un campamento de verano y a los organizadores les dije: «No me pongáis en ninguna actividad que tenga que ver con el deporte. Mejor, monitora del periódico».

En mi armario no había ni un par de deportivas: antes de irnos al campamento tuve que comprarme zapatillas, ropa de deporte... ¡No tenía nada para hacer ejercicio físico!

El deporte era el antiyó. La primera vez que me puse unas zapatillas y salí a hacer *running* tenía veintiocho años. Y lo hice por algo puramente físico, porque quería estar un poquito más *fit*. Genéticamente, por mi padre, siempre he sido muy fibrosa y he tonificado muy rápido, pero nunca había hecho deporte. Cuando llegué al borde de los treinta, me di cuenta de que había que empezar a cuidarse un poco más.

Comencé con una entrenadora personal, en dos sesiones semanales. Lo acompañé de un plan de alimentación, que era otra asignatura pendiente para mí. Recuerdo tirarme horas de pequeña delante de un plato de comida y escuchar lo típico:

—¿No lo quieres para comer? Pues te lo comerás para merendar y, si no, para cenar.

En el comedor del colegio era de las peores. Solo me gustaban las hamburguesas y cosas así. ¡Comía fatal!

Y, de este modo, llegué al mundo de la vida sana. Casi por necesidad.

Cuando empecé a correr, sentí una gran liberación. Y luego estaba el chute de energía que te da la superación. Al principio, corría cinco minutos y me ahogaba. Tenía un flato horroroso. Luego, llegué a diez minutos. Después, esos minutos se convirtieron en kilómetros: debuté con una carrera de cinco, luego una de diez... y así hasta que corrí las medias maratones.

De aquello he sacado una gran enseñanza:

No podemos tener miedo a ser principiantes, porque en esta vida todos tenemos que serlo alguna vez.

Si nunca lo eres, no te equivocarás, pero tampoco aprenderás ni vivirás el placer de disfrutar cosas nuevas. Tienes que ser principiante para poder convertirte en alguien que rompe barreras. Si no te lanzas, si no arriesgas, si no pruebas, nunca vas a saber lo increíblemente bien que lo puedes llegar a hacer.

Si yo he podido, todo el mundo puede. Eso lo tengo claro. E insisto: el deporte y yo no nos llevábamos nada bien. Vamos, que ni mis amigas daban un duro por mí:

—Esta solo va a resistir tres días entrenando, ya lo veréis —decían.

Pero el deporte me enganchó. Y esto también inspiró a muchos seguidores que, al verme lograrlo desde cero, creyeron en sí mismos y en la posibilidad de superarse.

Así fue cómo se me ocurrió la idea de correr una maratón.

—Me voy a quitar la espinita —pensé.

Y me lancé.

La primera maratón, Chicago 2018, la disfruté muchísimo. No tuve miedo. Y eso a pesar de que, cuando te enfrentas a algo desconocido, sientes mucha inquietud. Yo no. Iba sin reloj, a disfrutar. Solo quería saber qué se vivía al correr una maratón y apenas me había puesto un objetivo: hacerlo en menos de cuatro horas. Recuerdo que, cuando me encontraba a Manu y a Chino en cada uno de los puntos en los que habíamos quedado, les preguntaba:

—¿Cuánto llevo?

Pero no estaba agobiada, solo quería saber qué se sentía corriendo una maratón. Y confieso que sentí mucho: me llovió todo el rato, que es lo peor que te puede pasar en una carrera así. Pero pudo más el sentimiento de superación, el verme capaz.

Doscientos metros antes de llegar a la meta vi a mi hermano y a Chino y me puse a llorar: las piernas me pesaban muchísimo, sobre todo porque las zapatillas estaban encharcadas de la lluvia. Tenía un dolor lumbar horrible. Además, en aquel momento estaba en condición de infrapeso: pesaba 42 kilos, con cinco kilos de grasa. Sufría amenorrea.

—Lo voy a hacer. Voy a hacer las seis Majors.

Fue lo primero que dije nada más cruzar la meta.

—Estás loca, Paula —me respondió Chino—. Esta es la primera y la última.

—No, no —insistí—. Quiero hacer las seis.

Y ese fue el momento en el que empecé a prepararme para mi gran reto.

Tras Chicago llegaron Nueva York, Boston y Berlín. Quedaban Tokio y Londres. Yo estaba tan obsesionada con lograr mi reto que le propuse a Adidas, mi patrocinador, hacer las dos últimas Major en 2023, con solo 49 días de diferencia.

Quería quitármelas como fuera. Llegar al final y hacer *check*. Reto conseguido. A por el siguiente. Aunque no lo disfrutase.

Porque así ha sido mi vida siempre, y no solo en el deporte. Llegaba una campaña con una de las grandes firmas de lujo que siempre me han apasionado; un trabajo con el que había soñado toda la vida, y por el que habría dado todo lo que tenía, y era tanto mi agobio por estar a la altura que, en lugar de dejarme llevar y disfrutar del regalo que me había puesto la vida en el camino, me obsesionaba tanto con hacerlo perfecto que no me paraba a pensar en la maravilla que tenía entre las manos. Trabajaba sin descanso y, una vez logrado, pasaba al siguiente reto. Siempre a más, a más, a más. ¿Dónde estaba el fin? ¿Dónde estaba la satisfacción?

¿Cuándo iba a ser feliz? Nunca. Porque nunca iba a estar satisfecha. Siempre iba a querer más.

La firma deportiva de la que era imagen intentó que lograse el reto tal como lo había planeado en mi obsesión por quemar cartuchos, pero fue imposible: en Japón, la burocracia aún era complicada tras la pandemia y no conseguimos el dorsal. Correría Londres en 2023, pero Tokio tendría que esperar hasta febrero de 2024.

Esos dos años fueron un infierno para mí. No podía más. Estaba agotada emocionalmente, psicológicamente. Era incapaz de disfrutar de verdad nada de lo que hacía, ni siquiera una comida con amigos. Todo tenía que estar perfecto: el menú, la decoración, los aromas, la música... Mi vida tenía que ser un diez.

Mi válvula de escape era el deporte. Correr me liberaba. Con el tiempo, y gracias a meses de terapia, he aprendido que me había convertido en una adicta a la dopamina. El deporte me hacía sentir tan bien que necesitaba llevarlo hasta el extremo. Llevaba toda la vida en estado de estrés, ansiedad y alerta, algo que me provocaba una gran inflamación, y trataba de contrarrestarlo con el deporte y la comida saludable. Eso me desinflamaba y me daba equilibrio mental. Pero, como siempre había hecho, lo llevaba hasta el extremo y no era capaz de disfrutar de aquello que me hacía feliz: me lo tomaba como un reto.

Estaba destrozada anímicamente. Hundida. Ahora que lo pienso, Londres también fue un punto de inflexión: justo una semana después de la maratón inicié mi terapia con la doctora Marian Rojas Estapé, que ha sido clave para llegar donde estoy ahora. Fue un pilar sin el que no habría podido afrontar el otro gran reto que me esperaba en julio de 2023: la enfermedad de mi padre.

* * *

Pero en aquellos días, no pensaba en lo que podría depararme el futuro. Solo vivía el presente. Si tenía una producción o un *shooting* de varias horas en el que hubiera un almuerzo, yo me llevaba mi propia comida, con lo que estuviera establecido en mi planificación alimenticia. Y me lo tomaba a la hora exacta marcada en mi agenda: ni media hora arriba ni media hora abajo, para que mi cuerpo pudiera realizar sus funciones digestivas a la perfección.

Evitaba salir a cenar los fines de semana con los amigos o quedar con la familia. Porque, en el fondo, me molestaba que ellos estuvieran pasándoselo pipa, disfrutando de la comida, mientras yo los miraba con mi copa de vino en las manos y haciendo la digestión de mi cena perfecta que había tomado a solas en casa antes de arreglarme.

Todo aquello, que me estaba haciendo mejor persona, en lugar de llevarme hacia mi versión óptima desembocaba en una huida hacia delante por conseguir una meta que corría más que yo.

Una evaluación continua en la que era mi examinadora más severa. Yo nunca me daba buena nota. Jamás.

El hecho de tener tantos frentes abiertos —incluida mi propia marca de ropa y tienda *online*— no me abrumaba. Paula la fuerte salía al rescate una y otra vez: «Todo esto depende de mí y va a estar bien, porque yo lo controlo», me repetía continuamente.

Lo que no estaba controlando era mi propia ansia de perfección. Y eso desembocó en una última capa que convirtió mi disfraz en una cárcel: la Superwoman, mi personaje todopoderoso, se apoderó de mí hasta el punto de que mi cuerpo dejó de funcionar.

Vivía en un estado de alerta constante, ocultándome de mí, siendo una eterna insatisfecha, porque nunca nada era suficiente. Nunca nada era lo suficientemente perfecto ni bueno para mí.

Estaba huyendo de mi propio yo. Aterrorizada realmente con la simple posibilidad de volver a vivir el dolor y el desgarro de la soledad y el desamparo.

Había crecido oyendo que no iba a poder triunfar en la vida. Mi familia estaba muy bien posicionada económicamente, pero también habíamos vivido momentos muy complicados. Durísimos. He tenido que bañarme con mis hermanos en barreños de agua caliente. Y en casa, en lugar de protegernos de esa situación, nos hacían vivirla con inseguridad:

—No sé si hoy podréis entrar al colegio —recuerdo decir a mi madre un día al dejarnos por la mañana—, porque vuestro padre no paga la cuota desde hace no sé cuánto.

Yo no tendría más de nueve años. Y no olvido el agobio de pensar: «¿Entraremos o nos tendremos que quedar en la calle?».

No digo que haya que meter a los niños en jaulas de cristal y transmitirles que el mundo es de color de rosa. En absoluto. La educación pasa por la responsabilidad y la conciencia. Pero adecuada a la edad y la madurez de cada uno. Una niña de ocho años no puede digerir una situación que incluso a un adulto se le enquista y muchas veces no sabe cómo afrontar.

Esa educación generó mucha inseguridad en mí. Miedo. Y ansias de control. Solo quería ir a más, dar un paso más, lograr más, cada vez más. Pero no por avaricia ni por ansias de triunfo. Era por pura supervivencia.

Mi madre me transmitió un mensaje claro desde bien pequeña: «Sé lo que quieras, pero, en lo que quieras ser, sé la mejor». Y lo llevé hasta el extremo.

* * *

No fue fácil. Llenaba mi agenda de tareas agotadoras. No tenía tiempo ni para respirar. Era el único modo de tapar todo lo que estaba al fondo, en lo más profundo de mi ser.

Puedo hablaros de todo lo que hacía a grandes rasgos. Sin embargo, prefiero plasmar cómo era un día en mi agenda para que podáis entender de manera muy visual en qué consistían mis rutinas extremas.

Mis jornadas estaban perfectamente detalladas en mi agenda digital, un documento que era para mí una biblia, y para mi equipo una especie de potro de tortura, donde no sabían cómo encajar las piezas para que yo llegase a todo.

Dividía todas mis tareas en colores para poder organizar de un vistazo cada temática de mi vida: una agenda digna de una perfeccionista empedernida, con un TOC extremo por el control. Si vieras mi agenda de aquellos tiempos, aunque solo sea por encima, podría generarte ansiedad. El verde lo aplicaba a mis horas de deporte; el azul, a las videollamadas o reuniones presenciales; el naranja marcaba mi agenda de trabajo de grabaciones, *shootings* o asistencia a eventos, con todo detalle en cuanto a *briefings* de cada marca; y, por último, el rosa se reservaba a mi agenda personal. Como os podéis imaginar, el color más escaso era este último. Mis días no eran precisamente de color de rosa, ni siquiera como propósito.

Una jornada cualquiera comenzaba a las seis de la mañana y concluía a medianoche. Durante esas 18 horas todo estaba perfectamente estructurado, al minuto. Así le había enseñado a mi equipo que debía ser. Lo que no estaba en mi agenda no existía. Simplemente. Y mi gran ocupación durante ese tiempo de desgarramiento absoluto era no tener ningún hueco libre. De esta forma mi cabeza no podía descansar ni tomarse el tiempo necesario para indagar en lo más profundo de mis sentimientos, que, no obstante, empezaban a reclamar su sitio.

Voy a compartir, a modo de diario, una jornada escogida al azar en la agenda del invierno de 2023, mientras estaba en plena preparación de la maratón de Tokio:

Martes 28 de noviembre

06:00. Mi despertador suena. Mientras todos duermen (Chino y Robin, nuestra perra), voy a la cocina, bebo medio litro de agua, preparo mi café y me relajo 15 minutos. Aprovecho para contestar *mails* y me pongo al día con la agenda. Me aseo, me peino y me visto.

07:00. Salgo a la calle. Mi entrenador me espera en la puerta de casa. Hoy toca correr 24 km en zona 1.

09:30. Directa al estudio de Better Naked Club para grabar dos sesiones de entrenamiento.

12:00. Llego a casa, me doy una ducha y aplico mi rutina *beauty*.

13:00. Creo contenido para la campaña en curso.

13:30. Me reúno con mi equipo en un *call* para hacer seguimiento de todo lo que tenemos por delante.

14:30. Me preparo la comida en casa. Algo rápido y sano. Aprovecho para editar el contenido de la mañana y pasarlo a la marca para su aprobación.

16:30. Viene Eva Escolano para hacerme el *beauty* del evento de Navidad del hotel Ritz.

17:15. Hago *shooting* del *look* con el fotógrafo.

18:15. Programo la publicación de la campaña que he trabajado durante el día.

19:20. Un *transfer* me lleva al evento.

20:00. *Photocall* y posterior cena... y, mientras, creación de contenido *in situ* y grabación de materiales para la publicación post evento.

00:00. Edito el contenido para publicar al día siguiente.

01:00. Apago la luz e intento dormir.

Este es un día escogido completamente al azar, pero cada jornada era diferente. Hay viajes, producciones, eventos de mañana, reuniones con clientes, *fittings* para tener a punto el estilismo de cada evento, tiempo para responder personalmente mensajes en redes sociales, tareas de cuidado de mi perrita, Robin... Y, a veces, no sé de dónde sacar el tiempo para poder hablar con mi marido tranquilamente, aunque solo sean unos minutos. Ese rato de calidad es un auténtico reto, sobre todo si, en días como el que os he detallado, despierto antes que él y me acuesto cuando él ya está dormido.

Solo escribir estas tareas me deja sin aliento. Vivirlo era inhumano. Obligaba a mi cuerpo y a mi cabeza a seguir un ritmo de auténtica locura. Me convertí en una locomotora sin frenos, con la maquinaria a punto de explotar.

Paradójicamente, la perfección a la que yo me sometía como un mecanismo de autodefensa se terminó convirtiendo en mi peor enemiga. Más aún: me convirtió en mi peor enemiga.

Esa autoexigencia me llevaba a sentimientos de frustración y bloqueo constantes. Me convertí en una mujer impaciente. Sin darme cuenta, alejaba a las personas de mí porque sentían miedo de nunca estar a la altura de mis expectativas, ni conseguir ser un buen amigo, compañero de trabajo o representante. Generaba ese sentimiento de inseguridad en mi entorno de forma inconsciente.

Provocaba frustración en la gente. He recibido mensajes de seguidoras que me confesaban que llegaron a agobiarse con mi vida perfecta. Otras amigas con perfil *fitness* me decían: «Pero, Paula, si es que cuando yo acabo de abrir el ojo tú ya has entrenado dos veces... ¡Eres irreal!».

Creé un personaje para no sufrir: la Paula fuerte, la perfecta, la indestructible.

Un personaje para no ver, ni verme.

Prefería mirar hacia fuera que pararme a ser consciente de lo que estaba sucediendo en mi interior.

Mi vida iba muy deprisa. Había pisado el acelerador y el pedal del freno no existía; frenar significaba sentir muchas cosas que no quería volver a tener de frente, porque en un momento de mi vida me habían hecho ser vulnerable. Y ser vulnerable significó que me dañaron. Significó sufrimiento, culpa, desconfianza, temor. Durante muchos años de mi vida, estuve asustada y sola ante el peligro. Experimenté sensaciones, emociones y sentimientos que no correspondían con mi edad ni con esa etapa de la vida que es la niñez.

El personaje de Superwoman comenzó a ser insostenible.

Tenía que escucharme. Y eso para mí era un reto aún mayor que el de las maratones: había vivido quemando etapas, avanzando sin pararme a pensar en nada más que en huir hacia delante. Yo no me importaba. Mi visión de mí misma era la mujer pluscuamperfecta que había construido para defenderme del mundo y que se había convertido en una eterna insatisfecha.

¿Por qué? ¿Qué me había llevado hasta ahí? ¿Qué me había convertido en una persona tan dura y, a la vez, tan rota por dentro?

La respuesta estaba dentro de mí. En mi propia historia.

Lo supe apenas me paré a pensar y me di permiso para abrazarme.

Y lo tuve claro cuando preparaba mi discurso para recoger el Premio Influencer con Valores de la revista *Fearless.*

Cogí un papel en blanco y un boli. Abrí mi corazón y lo que salió fue como si se hubiera abierto la caja de Pandora.

Tenía entre mis manos una bomba. Pero, por primera vez, no me daba miedo que todo saltase por los aires. De algún modo, ya lo había hecho. Yo estaba rota, hundida. Yo no era yo. Es que ni siquiera sabía quién era. Pero sabía que tenía que gritar para deshacer el nudo que me ataba por dentro, que me retorcía y no me dejaba vivir.

Estaba sola ante mi propio abismo y solo tenía una opción: saltar. Si acaso tenía alas, se desplegarían.

Le pedí a mi equipo que cuando imprimiesen los folios de mi discurso no leyesen lo que había escrito. No quería que nadie supiera lo que iba a decir en aquel escenario. Subí nerviosa, pero segura de lo que iba a contar:

«Aquí donde me veis, he sufrido más de cuatro años de abusos sexuales, maltrato psicológico, he crecido en una familia completamente desestructurada y alejada en cuanto a los patrones de lo que tenía que ser una familia sana».

Capítulo 3

EL «CAMINITO» DEL HORROR

Son las nueve de la mañana. Me levanto de la cama. Es sábado.

Tengo seis años. Papá y mamá no están, se han ido de viaje y nos quedamos a cargo del matrimonio que nos cuida en casa.

Se escuchan aviones muy cerca y de forma bastante constante. Es un sonido al que ya nos hemos acostumbrado todos. Vivimos a escasos minutos del aeropuerto: papá es comandante de Iberia y la mayor parte de su tiempo está montado en un avión. La Habana, Buenos Aires o Miami son algunos de los destinos que más trabaja. No pasa mucho tiempo en casa, pero sus regresos siempre los vivimos con mucha ilusión. Le vemos volver casi siempre por la noche, mientras cenamos mis hermanos Manuel, Gonzalo y yo en la mesa de la cocina, justo antes de acostarnos. Verlo aparecer con su uniforme y la gorra por la puerta de la cocina me llena de alegría y me genera una cálida sensación de seguridad.

Vivimos en una finca con un jardín muy grande. Tenemos higueras y una casita verde que nos trajeron los Reyes

Magos. Se mimetizó con el verde del jardín y es nuestro espacio de juegos. La llamamos Mapagon, las primeras sílabas de nuestros nombres: Manuel, Paula y Gonzalo.

Somos cinco hermanos. Los dos mayores son hijos del primer matrimonio de mi padre. Nosotros tres, muy seguidos, fruto del amor de mis padres.

Sin embargo, mi hermana Pilar —Pipi en casa— siempre ha vivido con nosotros. Ella nos cuida mucho.

Pipi y yo compartimos habitación: es un cuarto con dos camas separadas por una mesilla de noche y una decoración romántica y clásica, inundada de blanco y toques de madera antigua.

Cuando me levanto, Pipi ya no está en casa. Se ha ido a estudiar: cursa Historia del Arte y está en plena temporada de exámenes.

Voy rápido a la habitación de los chicos. «Seguro que ya están despiertos y viendo la tele», pienso. Efectivamente, allí me los encuentro. En su cuarto todo es verde y blanco. Es el lugar donde jugamos a mil historias, nos peleamos, nos reconciliamos y nos sentamos a ver *Barrio Sésamo.* Sí, somos de la generación de Espinete y la Gallina Caponata.

Tenemos hambre y vamos a desayunar los tres a la cocina. Siempre hay alguna pelea por los paquetes de galletas. Así es nuestro día a día: nos enfadamos, peleamos y queremos a partes iguales.

Cuando ya hemos desayunado toca quitarse el pijama. Mari, la mujer que nos cuida, nos ayuda a vestirnos. Ya estamos listos para salir a jugar al jardín y hacer carreras con los perros.

Entre la casa principal y el garaje está la casita verde. A continuación, justo detrás de la cochera, colindando con el campo donde cada mañana escuchamos pasar al pastor con sus ovejas —lo que hace que nuestros perros se pongan como locos—, está la casa donde vive Mari con su marido. Son los guardeses.

Podría decir que nunca entramos ahí. Es su zona, su espacio privado, donde descansan y tienen su vida. Hay que ser profundamente respetuosos con su privacidad, como nos han enseñado en casa.

Sin embargo, hace dos años se rompieron todos mis esquemas. Al menos todos los que puede tener una niña de cuatro años. El señor que trabaja en el mantenimiento del jardín y de la casa, el marido de Mari, me cogió de la mano y me llevó sigilosamente hasta su lugar privado, al que nosotros teníamos prohibido entrar.

Hoy vuelve a pasar. Estaba jugando con mis hermanos, me he enfadado con Gonzalo y me he ido a mi habitación a pintar. Yo sola. Dibujar es algo que siempre me ha gustado y me da mucha paz.

De pronto, esa paz desaparece. El monstruo aparece por la puerta, como tantas otras veces desde hace dos años. Nacen en mí sensaciones que con mi corta edad no puedo describir, pero cuando pase el tiempo sabré que es miedo, culpa y asco a partes iguales.

Deseo con todas mis fuerzas que no suceda. Tal vez si mamá y papá estuviesen aquí, con nosotros, no pasaría. Si ellos estuviesen aquí, iríamos a casa de unos amigos y jugaríamos con sus hijos, o vendrían otras familias a casa. No estaría sola con mis hermanos. Mis padres harían que estuviéramos a salvo.

Pero no. Estamos solos. Y regresa la pesadilla más real que tendré nunca.

Él me dice que vaya a la cocina. Desde ahí me ordena vernos «en el caminito», cerca del garaje. Está muy nervioso y eso me provoca aún más desconfianza y miedo. Sé que estamos haciendo algo prohibido. Quiero resistirme, pero ese hombre es, mientras mis padres no están, algo así como la figura de autoridad de la casa. Además, él ya se ha encargado de recordarme que yo soy la culpable de la situación. Sé que no está bien lo que pasa con él, pero insiste una y otra vez: «Si se lo cuentas a alguien te pasará lo peor».

El caminito apenas tiene doscientos metros, con un rosal en uno de los lados. A mí se me hacen cinco kilómetros y, al recorrerlos, siento como si se me clavasen todas y cada una de las espinas de esas flores que me gustan tanto.

Él me coge la mano, que envuelve por completo la mía, diminuta e indefensa.

Entramos en su casa. Me repugna el olor: huele a él intensamente. Con el paso de los años, solo pensar en aquel momento hace que ese aroma pestilente vuelva a mi memoria y me provoque arcadas.

Se baja el pantalón. Se toca con mis manos. Me obliga a besarle.

Desconecto. Hago lo que me pide en piloto automático, para que nada de todo ese juego macabro se quede en mí.

La angustia es opresora. Se oye un pequeño ruido. Unas pisadas en la gravilla. Otras veces son un pequeño murmullo de motor. Él se alarma, me empuja hacia atrás para separarme de sus genitales y se sube apresuradamente el pantalón. No sabe qué hacer o cómo disimular. Cómo sacarme de allí sin que parezca lo que realmente es: que en esa habitación una niña indefensa está siendo víctima de un crimen que aniquila su inocencia.

* * *

Durante casi tres años, cada semana, se repetía aquella escena que me robó mi niñez, me robó mi inocencia, me arrebató mi verdadero yo y me hizo crear una nueva versión de Paula, un disfraz que me protegiera de la Paula que realmente era. De esto no fui consciente hasta los 34 años.

Salía de esa casa asqueada y triste. Devastada. Aprendí a que esos sentimientos se esfumaran lo más rápido posible y a crear una vida paralela donde convivían la Paula feliz, alegre y con ganas de descubrir la vida, con la Paula que se había hecho mujer a destiempo, obligada a mantener prácticas sexuales del todo abominables.

Mi mente ha bloqueado algunos detalles, no sé si afortunadamente para mí. Por ejemplo, trabajo mucho en terapia para saber si en algún momento hubo penetración, pero por el momento no he logrado recordar más allá de las vomitivas masturbaciones.

Llegasen al punto que llegasen los abusos, lo que está claro es que se trata de algo que no correspondía a mi edad y que tenía que vincularse con amor, pero que yo estaba asociando a la violencia. Algo que me hacía sentir avergonzada conmigo misma.

Vista desde fuera, siempre fui una niña aparentemente alegre y feliz. Salvo con mi hermano pequeño, para quien llegué a ser un verdadero ogro.

Mi lado creativo se desarrolló aún más como manera de defenderme ante los abusos sexuales y se materializó en una reacción desesperada de protección a mi hermano

Gonzalo. Cuando sacábamos los cuadernos y las pinturas, en lugar de hacer dibujos «normales» para una niña de mi edad, lo que yo dibujaba eran mapas de la casa con lugares prohibidos donde habitaba una familia de osos invisibles: estaban en el lugar donde yo sufría mis abusos sexuales. Incluso me inventé una banda sonora que cantaba a mi hermano cuando veía que se acercaba a la casa «intocable». La letra de esa canción era terrorífica: venía a decir que, si él se adentraba en los alrededores de la casa habitada por los osos malvados, la zona prohibida, las bestias enfurecerían y buscarían a mamá para hacerle daño y dejarnos sin ella.

Gonzalo lloraba muchísimo. Esa canción le aterrorizaba. Me odiaba por cantarla y se chivaba a mi madre:

—¡¡¡Mamá!!! ¡Paula me está cantando otra vez la canción de miedo de los osos!

Yo, claro, era la mala de la película. Mi madre se enfadaba conmigo:

—Pero, Paula, ¡deja de meter miedo a tus hermanos! ¡Eres terrible!

Me daba igual lo que pensase mi madre. Que me regañase o me pudiera castigar. Me tranquilizaba saber que, a pesar de todas las broncas, estaba protegiendo a Gonzalo.

Que esto fuera una reacción protectora es algo que he descubierto en terapia. Aquella niña de ojos marrones asustaba a su hermano casi por instinto. Pero la realidad es que detrás de esos mapas, de la familia de osos, de la canción de miedo, existía el horror de una niña que no quería que lo que ella sufría pudiera pasarle a los que venían detrás.

Aunque no lo he sabido hasta hace poco tiempo, asustar a Gonzalo era el mecanismo que mi mente había desarrollado para protegerle. Mi prioridad era hacer todo lo posible para que no tuviese que vivir lo mismo que yo. Y si eso suponía convertirme en su peor enemiga, para generarle miedo a estar en diferentes zonas de la casa, así sería.

Gracias a mis tres años de depresión y dos de terapia, gracias a todo mi camino de autoconocimiento, descubrí que no solo me tocó vivir la pesadilla de los abusos sexuales; también asumí otro rol que no correspondía al de una niña de seis años: la protección y el cuidado de mi hermano como una máxima en mi vida. Yo no había podido salvarme, pero tenía que salvarlo a él.

Recordar todo esto desde la superación del trauma es liberador. Por terrible que haya sido la vivencia, ha resultado crucial para convertirme en la Paula que soy hoy. Para alcanzar todos mis éxitos y, en particular, el más importante: ser yo.

A veces actuamos de una determinada manera o mostramos una forma de ser concreta debido a situaciones y vivencias de nuestra infancia.

Cuando empiezas a ser consciente de que algo en tu interior no está funcionando, es necesario volver a nuestros orígenes para entendernos. Para querernos y abrazarnos.

¿Para qué quería ser Paula la mujer pluscuamperfecta? ¿Por qué creó su disfraz de Superwoman? ¿Qué quería tapar? ¿De qué estaba huyendo?

Con tan solo cuatro años, mi vida dio un giro de 180 grados. Hasta entonces era una niña feliz, inquieta, apasionada y con mucha hambre de conocer. Me fascinaba observar y divertirme. Si tuviera que definir a esa Paula en tres palabras, sin duda serían: alegre, viva y despreocupada.

Pero pronto todo esto cambió de manera radical. Las tres palabras que me definían, llenas de amor y de felicidad, se esfumaron en un tornado de vivencias traumáticas que no correspondían a una pequeña de esa edad: abusos sexuales repetidos casi semanalmente durante tres años, unidos a maltrato físico y psicológico. Digamos que mi día a día en casa de mi madre no era precisamente inspirador ni sano para el desarrollo de una niña. La relación con ella siempre ha sido muy tóxica: en lugar de sentirla a mi lado, para mí siempre ha estado enfrente, como un muro imposible de saltar. Un muro ante el que yo reaccionaba con lo mismo que veía a diario: enfado, rabia, daño. Yo me hacía la fuerte y eso exasperaba a mi madre. Nos retroalimentábamos en una espiral cruel de furia.

Esto me robó mi niñez y mi inocencia de un plumazo. Mis ganas de vivir se transformaron en desconcierto, miedo y supervivencia. El sentimiento de culpa me invadió.

La fragilidad que sentí en la primera etapa de mi vida, cuando una persona se forma y construye su carácter y su manera de ser, fue de lo que estuve huyendo sin darme cuenta al hacerme adulta. No quería que nada tuviese ni un ápice de imperfección, para no volver a mostrarme vulnerable ante nadie. Ni mucho menos ante mí misma.

El ansia por el control me situaba en mi zona segura. «Nadie más volverá a herirme», pensaba.

Pero, lamentablemente, eso es imposible. Y mi perfeccionismo me llevó al extremo opuesto:

Todas mis herramientas para impedir que los demás me hicieran daño se convirtieron en armas de autodestrucción masiva.

Mi disfraz me hizo sentirme frágil y derrotada.

La Paula fuerte, la pluscuamperfecta, la indestructible, era un personaje para no ver... ni verme. Prefería mirar hacia fuera que ser consciente de lo que estaba sucediendo en mi interior.

El disfraz de Superwoman empezó a pesar tanto que terminó siendo una losa insostenible.

Hace unos meses, en un curso de comunicación con Olga Marset, salió una pregunta que me hizo reflexionar mucho sobre todo esto: «¿Quiénes son los mejores comunicadores que hay?», preguntaba Olga. Alguien respondió: «Los niños, porque no tienen miedo. Dicen lo que se les viene a la cabeza y se expresan tal como son, sin pensar en qué van a decir de ellos los demás».

Cuando escuché esto no pude evitar las lágrimas.

Volví a mi infancia y me di cuenta de que, desde que comenzaron los abusos, había dejado de ser niña por miedo. Porque la culpa no me dejaba expresarme al cien por ciento. Es verdad que buscaba otros canales de comunicación, quizá más creativos. Pero no hablaba de lo que me estaba pasando. Porque hablar me hizo más daño.

Lo solté un día de la manera más inocente. En realidad, estaba sufriendo tanto que necesitaba sacarlo fuera. Porque al principio el «caminito del horror» lo recorría de cuando en cuando. Pero fue pasando el tiempo y él venía a por mí cada vez con más frecuencia. Y luego a los abusos del marido de Mari se sumaron los de otro adulto más.

A lo largo de mi adolescencia volví a sufrir situaciones abusivas muy duras. Ahora soy consciente de que al haberlo vivido de pequeña, algo dentro de mí no sabía frenarlo cuando volvía a aparecer; o tal vez lo enfrenté de forma diferente, buscando la huida hacia delante constante de la vida que estaba transitando. Esto llevaba a encerrarme más en mí y a crear un mecanismo de defensa que se traducía en bloquear la entrada a muchas personas en mi vida.

No podía con tanto. Y me daba cada vez más pavor que mi hermano pequeño pudiera caer en las mismas garras.

Así que solté la bomba.

Lo hice como se cuentan las cosas que se hacen a escondidas. Como cuando confiesas un secretito de niña. Estaba jugando en mi habitación, corrí hasta donde estaba mi madre y lo dije muy rápido, como si me chivara de algo que habían hecho mis hermanos:

—¡R. me lleva a su casa y me toca!

Me di media vuelta y me fui corriendo de nuevo a mi habitación.

Tengo un vago recuerdo de aquel día, pero me vienen a la cabeza escenas deslavazadas: mi madre apareciendo con cara de cabreo en mi habitación y llevándome en volandas a la suya; Mari delante de nosotras, lívida, llorando a mares y repitiendo: «No me lo creo, no me lo creo»...

Mi madre, impasible, se puso en modo supervivencia:

—En todas las familias pasan cosas y hay que salir adelante —dijo.

Aquello normalizó mi infierno.

No juzgo a nadie. Seguramente no tenía las herramientas para tratar algo tan grave.

Y denunciar no era una opción. Esto sucedió hace más de veinte años y la protección al menor estaba en pañales. No es que ahora haya avanzado mucho, porque todavía queda bastante camino por recorrer, pero en aquellos momentos la menor que denunciaba abusos tenía que exponerlos delante de su propio abusador. Esto lo hacía aún más traumático. Por no hablar de las pruebas: ¿cómo iba a demostrar yo lo que había pasado? Era mi palabra contra la de un adulto. Y a ello se sumaba que en estos casos pasaban años hasta que la justicia se pronunciaba.

Solución: despedir a los empleados y echar una capa de olvido, de presunta normalidad sobre la cuestión. Y con esas mismas capas yo fui cubriéndome hasta creerme protegida.

Me hice la fuerte. Hasta el punto de que hablaba de lo que me había pasado con una frialdad pasmosa.

—A mí me sucedió esto, pero está superado y no me ha afectado —repetía en mi «núcleo duro».

Mi marido, mis padres y hermanos, mis cuñados y mis tres íntimas amigas me veían tan convencida de lo que decía que actuaban como yo: el pasado, pasado está. Pero no era así.

El presente más incontrolable me devolvió a esa inseguridad perturbadora de mi infancia.

Algo tan alejado de los propios abusos, como un problema laboral durante el confinamiento, hizo saltar mis alarmas.

Cuando la covid nos encerró en casa y paró el mundo, mi vida presuntamente perfecta empezó a tambalearse. La incertidumbre se adueñó de todos nosotros y yo no iba a ser una excepción. Yo no tenía un trabajo con un sueldo fijo. Mi empresa soy yo misma desde hace muchos años y de mí depende un equipo de personas a quienes no sabía cómo iba a sostener cuando todo se paró en seco. Cero ingresos. Cero campañas. Cero control.

La Paula omnipotente volvió al ataque. En lugar de quedarme llorando en el sofá, tiré de mi varita mágica: la creatividad. Crear siempre ha sido mi salvavidas y, en esta ocasión, tenía que volver a mantenerme a flote.

Empecé a hacer directos entrenando. La gente se conectaba y no decía «voy a entrenar», sino «voy a hacer Paula». Hubo directos con más de 100.000 personas conectadas. ¡Una locura!

Llegué a hacer dos entrenamientos diarios, mañana y tarde. Aquello me daba la vida y además me entretenía, porque encerrada en casa y sin campañas de marcas contaba con todo el tiempo del mundo para dedicarlo al deporte y a mi anterior libro, que tenía que ver la luz en septiembre de 2020.

Lo que no imaginaba es que ese esfuerzo por seguir dando contenido de valor en mis redes se iba a traducir en un impulso económico. Las ventas de mi tienda de ropa se triplicaron y las marcas me llamaban para hacer contenido desde casa.

Esto me dio la idea de crear mi propia aplicación para entrenar. Y lo que empezó como una ilusión terminó convirtiéndose en una pesadilla profesional que no podía controlar.

La ansiedad se apoderó de mí. Sentía que me habían traicionado.

La Paula pluscuamperfecta no había podido mantener a raya esa situación. Se le escapaba de las manos. No era tan firme, ni tan insuperable, ni tan exitosa, ni tan nada.

Volvía a ser esa pequeña niña indefensa a quien un adulto, que se suponía debía cuidar de ella, tomaba de la mano para perpetrar sus atrocidades.

Aquello que yo creía guardado bajo siete llaves en la caja fuerte de mi olvido volvió a mí con una fuerza inusitada. Una tempestad que amenazaba con hacer saltar todo por los aires y destrozar mi pequeño gran universo de presunta perfección.

Sabía que la clave estaba ahí. En la casita prohibida y en lo que me había sucedido en su interior durante tres larguísimos años.

Me resistía a entrar. Estaba desesperada y sabía que necesitaba ayuda para ordenar todos los fantasmas de mi cabeza. Y, al mismo tiempo, me resistía a hacerlo.

—No quiero hablar de mi pasado ni volver a mi pasado —fue lo primero que le dije a la psicóloga con la que estaba probando—. Lo pasado, pasado está y ahora lo que quiero es solucionar esto que me está sucediendo, estas ansias de ultraperfección y de control extremo.

La psicóloga me respondió con mucha claridad.

—Pues es que a lo mejor hay algo de tu pasado que no has superado y de ahí viene esa obsesión por el control.

Me dio un papel en el que había dibujado seis casillas.

—Rellena estas cajitas con las cosas que más te preocupan o que más representan tu vida.

Cogí el boli y empecé a escribir. En una caja coloqué a mi madre. En otra, a mi hermano. Otra más fue para la estabilidad económica... Y no hizo falta terminar las seis: enseguida me di cuenta de que todo lo que me preocupaba o estaba condicionando mi presente venía del pasado.

Pero ahí no quería entrar. Tenía que controlar incluso esa terapia. Por eso no funcionó. Aunque me dijo algo que me marcó y me hizo reflexionar mucho:

—Qué agotador es ser tú, ¿no?

Efectivamente, estaba agotada no ya de mí, sino de mi personaje fuerte, inexpugnable, ultraperfecto e invencible.

Aquel problema laboral puso ante mis ojos la realidad de la que huía: me habían utilizado y luego traicionado. Y me sentí frágil y derrotada.

Hoy sé que en la vida siempre surgen cosas que nos hacen sentir vulnerables. También habrá otras con las que disfrutaremos de una etapa de estabilidad, y todo irá fluyendo con armonía y felicidad. La clave es aprender a gestionar las emociones y los sentimientos y así lograr el equilibrio en cada etapa de la vida.

También asumir que está bien no dar el cien por ciento de tu tiempo a proyectos o personas que están fuera de ti.
Y permitirte estar triste. Porque eso hace que los días felices sean aún mejores.

Sé que parece un tópico. La clásica frase de un libro de autoayuda. Pero yo no lo he subrayado en ninguna página ajena: lo he vivido en carne propia.

No me consentía estar mal nunca. Tenía que ser fuerte, pluscuamperfecta y exitosa 24/7, los 365 días del año. Creía que solo siendo perfecta podría evitar que volvieran a mi vida los episodios que tanto daño me hicieron.

Creía que todo podía resolverlo sola. Desde que puedo recordar, en mi educación se me repitió una máxima que ha marcado mi vida: «Tienes que salir adelante tú solita». Y esa misma fue la reacción a los abusos que supondrían mi trauma infantil: aquello había pasado como pasaba en tantas otras familias, en tantas otras ocasiones. Y yo tenía que seguir adelante con mi vida como si tal cosa.

Los abusos sexuales que sufrí en mi niñez provocaron en mí una gran herida de abandono. Tenía pavor a la soledad y eso me hacía que ni siquiera pudiera disfrutar plenamente del amor más puro que he conocido jamás: el de Chino.

Chino es mi zona segura. Es muy curioso: cada vez que realizo en consulta la técnica EMDR *(Eye Movement Desensitization and Reprocessing),* para tratar trastornos provocados por sucesos traumáticos, la sesión termina conmigo en mi zona segura. Y cuando voy allí, me visualizo en el sofá de mi casa, con Chino abrazándome. Eso me hace sentir que voy a estar a salvo, que jamás me va a pasar nada.

Cuando empecé a romperme, tuve mucho miedo de que se marchase de mi lado. Porque estar junto a mí debió de ser una especie de infierno, muy parecido al que yo estaba viviendo. Si yo era incapaz de entenderme, ¿cómo me iba a entender él?

Además, mis ansias de perfección iban más allá de mí misma. Mi vida perfecta tenía que extenderse a todo lo que me rodeaba. Y llegó un momento en el que no empatizaba con nadie. No pensaba en otra cosa ni hablaba de nada más que no fuera yo. Yo esto, yo lo otro, mi dieta, mi trabajo, mi campaña. Yo, yo, yo. Siempre yo.

Había días que pedía al cielo que se acabase todo y que él pudiera vivir su vida. Que no tuviera que seguir planeando por ese abismo sin salida en el que yo creía encontrarme. Y, al mismo tiempo, me aterraba perderle. No podía soportar la idea de no tenerle conmigo.

Han pasado varios años y mucha terapia y autoconocimiento para que pueda hablar con Chino de todo esto. Al poco tiempo de empezar a escribir este libro, salió esta conversación en un viaje a Florencia (que, por cierto, habíamos aplazado desde hacía años: fue un regalo de Reyes que nos hicimos cuando no teníamos un duro... y nunca había tiempo en mi agenda para disfrutarlo. Así iba yo por la vida).

—Paula, me ha encantado estar a tu lado en todo esto —me dijo—. He aprendido tanto de ti... Ha sido una lección de vida cada día que he pasado a tu lado en este infierno. He podido valorar la suerte que he tenido en muchas cosas. El regalo de construir entre nosotros dos una vida que es solo nuestra. Hoy sé que estamos en el camino y que este bache nos ha hecho más fuertes y a nuestra relación, más auténtica, más de verdad.

La fragilidad había sacado lo mejor de nosotros. Todo aquello que me aterraba me había llevado a lo mejor de mí. Lo comprendí con aquellas palabras de Chino.

En nuestros peores momentos pueden aparecer las mejores oportunidades. Yo lo he vivido con mi marido.

Chino empezó conmigo en una de mis etapas más delicadas. Cuando me fui de casa de mi madre, él se convirtió en mi mejor amigo. Después pasó a ser mi gran amor y mi piedra angular, cuando estaba perdida e inicié mi vida sola, sin las ataduras de todo aquello que había vivido y me había hecho tanto daño..., pero, a la vez, con esas piedras en la mochila.

Chino ha sido mi equilibrio. Él es paz, es calma. Me ancla a la tierra cuando se me va de las manos el ansia de querer ser más perfecta, de tener más éxito, de más y más en todo.

Yo, por mi parte, aporto una energía más intensa. Aporto los retos y los desafíos. Y siempre encuentro en él apoyo y método para alcanzarlos.

Uno de mis últimos grandes desafíos me ha permitido conectar con mi fragilidad más profunda y descubrir que estoy preparada para seguir adelante. Fue la maratón Des Sables.

Se trata de una de las carreras más duras que existen: 120 kilómetros y siete días en el desierto de Wadi Rum, a 45 grados y cargando con una mochila de siete kilos con material y comida: una auténtica lección de vida.

Sobrevivir con lo mínimo. Una vida rodeada de incomodidades. Tormentas de arena que te azotan en la cara cuando intentas descansar cargada de dolor, roces, ampollas, lesiones bajo una carpa en la que todos éramos iguales. Todos desconocidos, pero familia al mismo tiempo. Ayudándonos a prender un fuego para calentar agua o compartiendo material, comida y pensamientos.

Aprender a base de caídas. Enfrentarte a los monstruos de tu cabeza. Adaptarte a lo que venga y sobrevivir. Cada día, una aventura nueva. Cada día tan diferente en el mismo desierto.

Salí infiltrada por la artrosis que sufro en el pulgar de mi pie izquierdo. Llegué a la meta con un esguince del ligamento interno del tobillo derecho. Fueron solo dos de los tantos pequeños retos que surgen en el desierto, una y otra vez. Y para superarlos tienes que convencer a tu mente de seguir.

La batalla más dura no fue la arena que inundaba mis zapatillas —error de principiante no coser las polainas a las zapatillas—, ni el calor, las ampollas, las contracturas.

La batalla más difícil fue lidiar con mi frustración y perfeccionismo. Enfrentarme a mí misma y darme cuenta de que a veces no se puede controlar todo.

Como dijo el atleta Sergio Turull, «la verdadera grandeza no reside en la velocidad o el resultado, sino en la fortaleza de seguir adelante, incluso cuando todo parece imposible».

Y por eso, en la maratón Des Sables, sucia, dolorida, frustrada y agotada, me sentí más valiente y fuerte que nunca.

Hablo abiertamente de mi fragilidad y de mi trauma infantil —aunque me siguen temblando las piernas cuando lo digo en alto o cuando escribo estas líneas—, porque quiero ayudar con mis vivencias a otras personas que también han sufrido abusos y que, por vergüenza o culpa —como me pasaba a mí—, no se atreven a contarlo. Personas que se sienten solas, abrumadas. Que se sienten rotas por dentro, porque su fantasma parece más grande que ellas mismas.

Hoy hay más ayuda de la que yo pude tener. Más herramientas. Más comprensión.

Hoy sabemos que, por desgracia, los abusos son mucho más frecuentes de lo que querríamos reconocer. Según Unicef, más de 370 millones de niñas y mujeres en todo el mundo son víctimas de violaciones y abusos sexuales antes de los 18 años. La cifra aumenta escandalosamente hasta los 650 millones —o sea, una de cada cinco niñas y mujeres en el mundo— si incluimos como formas de violencia sexual aquellas sin contacto físico, como el abuso verbal o en el mundo digital.

El drama va más allá del episodio infantil y tiene consecuencias graves en la vida adulta de las víctimas. Los estudios han demostrado que las víctimas de violencia sexual en la infancia son más proclives a sufrir abusos de manera repetida. Arrastran el trauma hasta la edad adulta y tienen un riesgo mayor de contraer enfermedades de transmisión sexual, de abusar de sustancias, de vivir aislamiento social o de sufrir trastornos mentales, como la ansiedad y la depresión. Y, por supuesto, les resulta mucho más difícil forjar relaciones sanas, en todos los ámbitos.

Los expertos también apuntan que, cuanto más tardamos en hablar de los abusos que hemos sufrido, más se agravan las consecuencias del trauma.

Por eso, es muy importante que, si lo sufres o lo has sufrido, alces la voz. Y si tienes hijos, prestes mucha atención a sus comportamientos. Cualquier cambio drástico en su conducta tiene una razón. No sucede porque sí. Y, desde luego, ser víctima de abuso sexual es una de esas grandes razones que hacen que un niño o un adolescente tenga problemas de sueño, pesadillas, temor hacia los adultos, un comportamiento tímido, hiperactividad, incapacidad para concentrarse, bajo rendimiento académico, temores, baja autoestima, actitudes hostiles, falta de asertividad, ansiedad, dificultad para confiar en los demás... y así una larga lista de indicadores que deben hacernos despertar.

La vida es muy sabia. Aquello a lo que más miedo tienes es lo que te devuelve a ti y donde te hace caer para que aprendas a vivir.

En mi caso, lo que más miedo me daba era mostrarme frágil. No podía soportar la idea de romperme. Y, sin embargo, el permitirme romperme, deshacerme en pedazos, fue la clave para construir mi verdadero yo.

Capítulo 4

MI KINTSUGI: ROMPERME PARA FLORECER

El kintsugi es una técnica japonesa, conocida también como reparación dorada, que se utiliza para arreglar fracturas de la cerámica con barniz de resina y polvo de oro.

Forma parte de la filosofía que plantea que las reparaciones y roturas son parte de la historia del objeto y que deben mostrarse en lugar de ocultarse. Además, esa reparación se realiza con el objetivo de embellecer la pieza, poniendo de manifiesto su transformación e historia.

Yo nunca intenté restaurar mis fracturas. Evité que no se notasen.

Las personas de mi entorno cercano, lo que llamo mi «núcleo duro», mis «personas vitamina» —como diría mi psiquiatra—, sabían lo que yo había pasado. Nunca se lo oculté.

Es más, fui yo en casa quien, con seis años, como narré anteriormente, alcé la voz y conté lo que estaba sucediendo cuando sentí que no podía seguir viviendo aquella situación, que necesitaba frenarlo. Por supuesto, recuerdo estar aterrorizada al decirlo en alto, pero decidí ser valiente y poner fin a todo aquello para no romperme del todo, porque, si llegaba a ese punto, no habría forma de reparar todos mis pedazos.

Sin embargo, ¿cuántas veces a lo largo de nuestra vida intentamos ocultar nuestras heridas e imperfecciones para ser aceptados por los demás o por nosotros mismos?

Yo he tardado en descubrir ciertas cosas.

Hay muchos, muchísimos aspectos de la vida que no entiendes de verdad hasta que no los vives. O hasta que paras, frenas y te atreves a escucharte, a entenderte y, lo que más terror me daba, a SENTIR.

Era consciente de mis heridas, pero, en lugar de sanarlas, las había normalizado como método de supervivencia.

Sin darme cuenta, me había sometido a un ritmo imparable para ocultarme de mí, de mi dolor. Sin sanarlo, sin volver a mi pasado, creé de forma acelerada y frenética una vida paralela en la que habitaban los éxitos profesionales y personales. La perfección más imposible.

Y todo era porque estaba aterrada. Tenía un miedo de esos que ahogan. Miedo a parar, a sentir, a encontrarme con mi verdadero yo. Miedo a enfrentarme a mis monstruos y entender por qué huía de mí misma, por qué nunca me había parado a tener una relación con mi propio yo.

Tenía tanto miedo al abandono que terminé cayendo en lo que más me aterraba: me abandoné a mí misma.

Si me paro a pensar en la Paula de hace tres años, la del disfraz de Superwoman, tengo que reconocer que esa chica no sabía escuchar. No prestaba atención a nada, ni dedicaba tiempo de calidad a los suyos. Ni siquiera a ella misma.

Esa Paula organizaba una cena con familia y amigos y pasaba más tiempo preocupándose de que todo estuviera colocado en su sitio, de que todo fuese bonito, de que todo supiese delicioso, de que la música estuviera en el volumen adecuado, de que las velas no se apagasen...; más tiempo preocupándose de los detalles que de lo primordial, o sea, de esa familia y esos amigos que habían acudido a celebrar la vida.

Esa Paula quedaba para tomar un café y apenas podía seguir la conversación, porque se pasaba el rato pendiente del móvil, de responder a tal marca que tenía que validar una campaña, de revisar los mensajes de la última publicación, de comprobar si había un correo de tal o cual agencia que estaba esperando para poner en marcha un nuevo proyecto...

Esa Paula consideraba que su forma de hacer las cosas era la correcta. Incluso que no existía otra posible.

Tuve que volver a romperme para reconstruirme. Tuve que romper con el personaje que había creado con el objetivo de sobrevivir, para empezar a vivir de verdad. Si no hubiese puesto freno, habría seguido a velocidad máxima por inercia, hasta reventar el motor de mi vida.

Sin darme cuenta me había ocultado de mí misma, me había convertido en una persona impaciente, siempre insatisfecha, que buscaba éxitos y retos constantes, cada vez más difíciles de alcanzar, como la gasolina, para seguir en el día a día frenético. Era una persona en continuo estado de alerta por miedo a volver a sufrir.

Ese personaje absurdo que creé para no ver ni verme, el que me permitía mirar hacia fuera con una falsa idea de perfección y fortaleza, no era sostenible, ni en el tiempo ni en mi propio cuerpo. Solo estaba consiguiendo el efecto rebote a lo que pretendía: sufría más.

Ocultar el dolor no era la solución. Es necesario sanarlo para poder continuar. Aceptarlo y repararlo con resina y polvo de oro para florecer.

Las cosas únicamente funcionarían si volvía a mi verdadero yo.

Ahora conozco la diferencia entre las dos Paulas: la que escucha y la que no; la que conecta y fluye y la que controla y domina; la que trata de aprender y absorber conocimientos y la de la falta de interés.

Ahora conozco la diferencia, porque sé cómo era antes. Porque gracias a romperme, paré y comencé a tener una relación conmigo misma.

Mi yo de 2009 y el de 2025 ya no se conocen.

Supe que estaba rota cuando los avisos de mi cuerpo fueron tan evidentes que era imposible no escucharlos.

Me gritaban. Ya no había disfraz con orejeras que pudiera hacer que no me diera cuenta.

Mi cuerpo dejó de funcionar.

Era normal: lo que supuestamente eran rutinas de autocuidado, como el deporte o la alimentación, me estaban llevando a castigarme hasta el extremo.

Llegué a un punto en el que apenas dormía tres o cuatro horas diarias. Y al principio ese sueño corto era de calidad, pero mis ansias de perfección terminaron por apropiarse incluso de mi descanso. Mi cabeza no paraba y en plena noche me levantaba a apuntar ideas que había tenido, porque me aterrorizaba que se me olvidase algo.

Me asusté mucho cuando sentí que me ahogaba. Sucedió justo después del confinamiento por la covid. Mientras estuve en casa hacía deporte y me mantenía activa con el entrenamiento *online*. Reinventarme todo el rato era mi mecanismo de supervivencia. En mi obsesión por no dejar de crear llegué incluso a terminar mi primer libro, *Come bonito, entrena sexy.* Recuerdo que la sesión de fotos para la portada la tuvimos que hacer en la terraza de mi casa, porque no se podía salir a trabajar en ningún estudio.

Cuando empezamos la desescalada y ya se podía entrenar en la calle, al retomar mis carreras noté que me ahogaba. Se lo comenté a uno de mis tíos, que es médico, y me hizo varias pruebas. Primero salió que tenía un cierto desajuste en los glóbulos blancos. Me eché a temblar porque pensé que podía ser un cáncer. Luego resultó que eran los glóbulos rojos: tenía anemia ferropénica.

Era normal: ya no solo estaba entrenando para mí, sino que, al crear la aplicación de entrenamientos *online,* tenía que hacer aún más deporte. Así que entrenaba unas cinco horas cada día. Y a todo eso había que sumar mi trabajo habitual creando contenidos de moda o belleza.

Estaba agotada.

Me hicieron transfusiones. Cada semana ingresaba un día en el hospital para que me pusieran sangre y así estaba de tres a seis horas en cada sesión. Pero, con el agobio que tenía, en lugar de descansar a la salida me iba a entrenar otra vez.

Mi cuerpo me daba avisos y yo no lo escuchaba.

La realidad era que el deporte, que había empezado por ser mi válvula de escape, se estaba convirtiendo en una pesadilla. Recuerdo que Cristina Mitre, un referente para mí, me advirtió: «Paula, yo estuve ahí. Tu cuerpo te avisará, te lo aseguro. Ya lo verás».

No le hice caso. Seguí huyendo hacia delante.

Mi corazón, roto por dentro, latía como podía. Pero algo fundamental en la vida de una mujer de mi edad, en la treintena, desapareció: mi ciclo menstrual se esfumó en abril de 2018.

Durante cinco años sufrí amenorrea hipotalámica, una afección causada por situaciones de gran estrés, a lo que, en mi caso, se sumaba la práctica de ejercicio físico excesivo, que sumaba aún más estrés a mi organismo, y una dieta extremadamente saludable —sí, los extremos no son buenos tampoco en esto— en la que reinaban las restricciones.

Adiós a mi ciclo menstrual y, con él, a mi función reproductora.

Mi cuerpo se había roto y esa primera gran fractura se extendía por otras partes de mí. La amenorrea hipotalámica tuvo más síntomas: comenzaron los altibajos emocionales, los problemas para conciliar el sueño, la ansiedad, la bajada de la libido, la pérdida de masa ósea, la caída del cabello, el estreñimiento...

La ausencia de menstruación era el gran mensaje que venía a decirme: «Paula, necesitas un cambio». Recuperar mi ciclo suponía mejorar la relación conmigo misma y reconciliarme con mi salud, no solo física, sino también mental.

Chino me avisó y tampoco le escuché. Estaba muy preocupado por mi amenorrea y yo le quitaba importancia:

—Chino, cuando entrenas tan fuerte como yo y comes muy limpio, puede pasar que la regla se te retire. —No sé si le intentaba convencer a él o a mí misma, pero lo cierto es que no se quedaba tranquilo.

Para calmar a Chino, fui al ginecólogo a hacerme una revisión exhaustiva.

—Estás perfecta —me dijo—. Tu reserva ovárica es como la de una niña de trece años.

Pero entonces el médico me preguntó por el abdomen. Y al levantarme la camiseta, su cara fue un poema. Tenía un cinco por ciento de grasa corporal. La piel estaba tan pegada a los músculos, sin grasa en medio, que se me marcaban hasta las venas.

—Pero, alma de cántaro, ¿cómo vas a tener el periodo si eres como una atleta de elite?...

Confieso que había llegado al punto de que en alguna maratón me dolían los abdominales. Pero no me importaba: me miraba al espejo y me veía bien. La imagen que me devolvía era la de una mujer disciplinada que había conseguido su meta al transformarse en un auténtico ejemplo *fit*. Y nunca era suficiente: perdí la noción de la realidad y, cuanto más se me marcasen los músculos, mejor.

Tener el control era como una droga para mí. Y había descubierto que podía tener el control de mi propio cuerpo.

Iba hasta el extremo en cada entrenamiento. Cada vez entrenaba más, por mis retos personales y por el día a día de la aplicación. Vigilaba cada gramo de comida o bebida que tomaba. Todo tenía que ser *superfit*. Y llegué al punto de no querer salir porque estaba haciendo un ayuno, o de decirle a la gente que me rodeaba que no comiera tal o cual cosa, porque no era sano.

Era un fantasma. Anímicamente, pero también en el plano físico. Se podía seguir el surco de las venas en mis brazos. Las ojeras eran infinitas; tenía las cuencas de los ojos superhundidas. En la cara solo se me veía el pómulo. ¡Con lo redondo que he tenido siempre el rostro!

Y, sin embargo, me gustaba. Porque era la versión de mí que había podido controlar.

Pero no me gustaba tanto como para darme una palmadita en la espalda. Porque mi físico no era de 10. Y el 10 era mi única calificación posible.

No hice caso a la señal que mi cuerpo me envió con la amenorrea, así que la naturaleza siguió su curso y volvió a darme un toque de atención. Lo siguiente fue una pancreatitis.

Marzo de 2022. Una gran marca deportiva me fichó para ser su imagen y tenía una acción superpotente con ellos: un entrenamiento en la tienda de Gran Vía con cien personas. Tenía un dolor de abdomen horrible. Casi no me podía mover. Rezaba para que no fuera apendicitis, porque eso supondría que me tenían que operar y tendría que cancelar el entrenamiento.

Pensaba hacerme la fuerte y seguir pisando el acelerador hasta que terminase el entrenamiento. Hacerlo como pudiera para evitar a toda costa la posibilidad de que me dejasen ingresada si acaso era algo grave. Pero el dolor era tan fuerte, tan intenso, que la poca cordura que habitaba en mí me impulsó a ir a urgencias.

Me reconocieron, me hicieron analíticas. Yo solo miraba el reloj. Me parecía que estaba perdiendo un tiempo precioso.

Finalmente, el doctor entró en el *box* y me dio el diagnóstico:

—Tienes pancreatitis, Paula.

Respiré. Por loco que parezca, respiré. Solo pensaba en que la pancreatitis no había que operarla, así que no tendría por qué quedarme en el hospital y cancelar el compromiso profesional que ocupaba todos mis pensamientos.

—Entonces ¿me puedo ir a casa?

El médico me miró con rostro serio antes de responder:

—Sí, pero con un tratamiento que te vamos a prescribir. Y con reposo.

—Bueno, mañana tengo un entrenamiento que no puedo dejar de hacer.

—Pues no deberías hacerlo.

—Ya, imagino que la mejoría será más lenta.

—No, Paula. No lo entiendes. No es que mejores o empeores: es que tienes una infección aguda que te puede provocar un fallo orgánico.

Me daba igual. No quedarme ingresada significaba que podía seguir en la rueda. Así que Paula se puso la capa de superheroína y la máscara de su mejor sonrisa, se fue a descansar a casa para cargar las pocas fuerzas que le quedaban y siguió adelante con el compromiso del día siguiente.

Aún no sé cómo aguanté el tipo. Supongo que sería la adrenalina, que te mantiene en pie hasta en los momentos en los que crees que no puedes más. O serían los medicamentos. O simplemente que no me permitía ni por un momento el más ínfimo atisbo de fragilidad. El caso es que, efectivamente, terminé el evento deportivo con Adidas. Y, como os podéis imaginar, no paré ahí: apenas un mes después tenía que correr la maratón de Boston, así que descansar no era una opción.

Llegué a Boston con la lengua fuera. Literal. Había preparado la carrera en solo tres meses y con la pancreatitis de por medio. Con muchos proyectos profesionales que atender, metía los entrenamientos con calzador, quitándome horas de sueño o de lo que hiciera falta con el ansia de llegar a todo. Mi obsesión era estar al cien por ciento.

Unos días antes de correr, compartí un vídeo con un entrenamiento de fuerza y escribí: «Ha sido duro. No lo voy a negar. Pero la ilusión por conseguir otro sueño más en mi vida hace que merezca la pena. ♡». No sabía que la dureza que estaba sintiendo no era nada para lo que esperaba.

A mi debilidad física se sumó una gran debilidad emocional: Chino no iba a estar conmigo por motivos de trabajo. Y eso para mí significaba no tener su apoyo en los puntos kilométricos en los que sabíamos que la dureza de la competición amenazaba con apoderarse de mí.

Todo eran señales para parar y descansar. Para posponer mi reto. Pero me empeñé. Y el resultado fue que hice mi peor marca.

Estaba tocando fondo. Yo no era nada para mí. Un día más o menos no me importaba. Había perdido la ilusión por todo. Me había desgastado hasta el extremo.

La única razón de mi vida era la búsqueda constante de una perfección que se me escapaba cada vez que creía tenerla a mano.

Había llegado a mi vida una compañera de viaje implacable y demoledora. Se te instala en el asiento de al lado y coge el volante y hasta el cambio de marchas. Toma las riendas de tu propia vida y tú solo quieres que el coche se estampe para que acabe el dolor. Literal. Confieso que, en ocasiones, cuando íbamos o volvíamos de Marbella, a veces pensaba que sería perfecto tener un accidente, que a Chino no le pasase nada, pero que yo no pudiera contarlo. Así de crudo.

Estaba en un pozo y solo me quería morir. Desaparecer. Hubo momentos en los que pensaba cómo dejarlo todo organizado. Y cuando en una de esas búsquedas en Google me saltó un teléfono de ayuda, me dije: «Paula, ¿qué estás haciendo? ¿Cómo has llegado hasta aquí?».

Me odiaba. Mirar a mi alrededor y ver que lo tenía todo me hacía sentir aún peor. Tenía éxito profesional, un hombre a mi lado que me adoraba, la casa de mis sueños... y yo estaba perdida en medio de ese supuesto cuento de hadas.

No llevaba el volante de mi vida. Lo manejaba mi copiloto.

Esa compañera de viaje era la depresión. Pero aún tardaría un año en ponerle nombre.

Llegó enero. Chino tenía un viaje de trabajo a Múnich y yo me quedé sola en casa, como muchas otras veces. Al poco de irse empecé a sentir otra vez los síntomas de la pancreatitis. Esta vez, además del dolor infernal, estaba hinchada como un globo. Tenía una inflamación bestial y el abdomen superduro. Solo tenía ganas de vomitar. Me revolvía en la cama. Estaba asustada. No hacía más que darle vueltas a la cabeza y llegué a pensar que el páncreas me iba a explotar.

—Paula, por favor, vete a urgencias ya mismo —me dijo Chino.

—No, cuando vuelvas vamos, no te preocupes. —Creí que iba a ser capaz de soportarlo, porque tengo el umbral del dolor muy alto.

—Te lo pido por favor: vete ahora mismo.

Le hice caso. Me puse una gabardina encima del pijama y me fui al hospital de al lado de casa, con mi último informe médico bajo el brazo.

Ese día supe que los ángeles no siempre tienen alas. A veces visten bata blanca. A mí me atendió uno de ellos.

—Vamos a examinarte, Paula —me dijo la doctora.

Nada más empezar la exploración se sorprendió de lo mucho que tenía inflamado el abdomen.

—Tenemos que ver de dónde viene esto. Haremos analítica, ecografía y, por el momento, te quedas tranquila aquí con suero.

Entré a las dos de la mañana. A las cinco aún seguía con el suero puesto, sin poder moverme. Y yo en lo único que pensaba era en que a las seis había quedado con Pablo, mi entrenador: teníamos el primer entreno para preparar la maratón de Londres. Le escribí y le dije que estaba ingresada. No sé si me molestaba más el dolor físico o la angustia por no poder cumplir el compromiso que se le suponía a la mujer pluscuamperfecta que me habitaba.

En estas entró la doctora.

—Paula, no tienes pancreatitis.

No sé qué cara me vio para seguir así:

—¿Tienes ganas de llorar?

—Bueno..., sí —confesé. Asomó una lágrima que no pude controlar.

—No tienes ganas de arreglarte, ¿verdad?

Me miré. No recordaba que había ido al hospital en pijama.

—Bueno, he venido así porque vivo aquí al lado, pero me arreglo porque es mi trabajo. Me toca. —Su mirada me desarmó—. Pero sí, creo que últimamente viviría en pijama e incluso sin peinarme. Si por mí fuera, no saldría de casa.

—Corazón, lo que tú tienes es una depresión muy fuerte.

Me quedé en *shock*. ¿Depresión? ¿Paula Ordovás con depresión? ¿Cómo podía ser?

La doctora siguió.

—Te puedo ayudar. Te voy a dar mi tarjeta. También soy psiquiatra, así que puedes llamarme y vemos la manera de salir de esta.

Cuando me fui, avisé a Chino. Eran las seis y media de la mañana. «Estoy bien. El diagnóstico es una depresión». Ver escrita esa palabra me golpeó.

¿Yo, la mujer pluscuamperfecta? ¿Yo, la Superwoman? ¿Yo, la fuerte? ¿Yo, con depresión?

Chino me llamó inmediatamente. Me dijo que quizá sería bueno que me pusiera en contacto con aquella doctora. Yo no lo veía claro. Me guardé ese as en la manga y traté de responder sola a esta pregunta: «¿Qué me está pasando?».

Tomar las riendas de mi salud era algo importante. Sin embargo, una pieza clave para ello era soltar la mochila de perfección que lastraba mi vida, dejar el control de lado y dejarme acompañar, abordando todas las esferas de mi salud: hormonal, sí, pero sobre todo emocional y mental.

Tenía que hacer las paces conmigo misma.

Decidí pedir ayuda y contacté con la doctora Marian Rojas Estapé. Quería que me acompañase en este difícil viaje, porque sabía que ella tenía mucha experiencia en el tema de los abusos, la admiraba y había leído sus libros.

El tiempo que transcurrió hasta que tuve mi primera consulta me lo tomé como un «aperitivo» de sanación. No tenía tiempo que perder, así que comencé a hacer mi propio trabajo interior. Leía, reflexionaba, me escuchaba e intentaba buscar una explicación a mi carácter, mis reacciones y, sobre todo, mi perfeccionismo y mis TOC.

También quería llevar parte de los deberes hechos, porque algo que me agobiaba mucho era la posibilidad de que me prescribieran medicación. Pensaba que los antidepresivos afectarían a mi rendimiento deportivo y que podrían tener también algún efecto sobre mi físico, así que no estaba dispuesta a pasar por ellos para recuperarme. El control, de nuevo.

El día que entré por primera vez en la consulta, nada más presentarme y hacerle un pequeño resumen de mi vida y de mi entorno, salió la gran pregunta:

—¿Tienes hijos?

—No —fui rotunda. Exactamente igual que la infinidad de veces que me había enfrentado a esta pregunta desde que me había casado con Chino, doce años atrás—. No queremos tener hijos. Somos muy felices siendo dos y no necesitamos nada más —continué.

Entonces Marian me miró a los ojos, con una dulzura increíble, y respondió algo que, cada vez que lo recuerdo, me eriza la piel:

—El día que acabes tu terapia estarás embarazada.

—No lo creo —le respondí—. Tenemos la decisión tomada. Además, aunque quisiéramos tener hijos, ahora mismo no podríamos porque llevo cuatro años sin menstruación.

Cada vez que rememoro esta conversación me sorprendo. Se abrió la posibilidad de que las decisiones que Chino y yo como pareja habíamos decretado, sobre la vida que queríamos llevar, dieran un giro de 180 grados: quedarme embarazada.

La amenorrea, como había sucedido con cada episodio doloroso de mi vida, había llegado a normalizarla: me había hecho mil revisiones médicas con todo tipo de especialistas, analíticas completas... Todos los parámetros en el plano físico estaban bien. Y casi siempre las consultas terminaban con una frase parecida a esta: «Tendrías que relajarte, comer más, bajar el ritmo de tus entrenamientos o tomar la píldora anticonceptiva: así recuperarías tu regla». Lo había escuchado tantas veces que me tranquilicé... y con estos mismos argumentos trataba de tranquilizar a mi marido.

Sin embargo, aunque en el plano físico no hubiera de qué preocuparse, NADA estaba bien.

No tener el período no es salud. No existe justificación posible. No hay que normalizarlo.

Mis bloqueos, mi rigidez, mi hiperexigencia y mi desorden vital me habían llevado a romperme, y la grieta visible, por la que mi cuerpo habló, fue la amenorrea. En consulta entendí que me enfrentaba a un proceso lento, que mi menstruación volvería, pero debía tener paciencia. Necesitaba sanar y comprender y, poco a poco, todo se iría ordenando en mi interior.

Para mí, recuperar la regla no iba unido a la posibilidad de ser padres. En aquellos momentos Chino y yo no queríamos ser padres: el instinto maternal y paternal no se había despertado en nosotros. Mi vida —y la de Chino, claro— la gobernaba mi personaje de Superwoman, con mil proyectos imparables por delante.

Sin embargo, el polvo de oro con el que me reconstruiría en mi particular kintsugi incluía ser capaz de dar vida. Aunque entonces no lo supiera ni pudiera imaginarlo siquiera.

Mis sesiones de terapia fueron duras. Cada EMDR me removía por dentro y agitaba todos mis fantasmas. Los ponía en fila ante mí y no me dejaban espacio para escapar. Tenía que enfrentarme a ellos sin escapatoria posible.

Así pude ir entendiendo quién era realmente. Por qué me había convertido en esa mujer que no reconocía. Esa fortaleza de cristal construida como mecanismo de supervivencia tras mi trauma infantil.

Este proceso me ha ayudado a comprender que absolutamente todas las situaciones que me había tocado vivir me transformaron en la mujer que soy hoy. Y no me arrepiento de nada, porque gracias a cada momento, bueno o malo, he conseguido todo lo que tengo. Y no solo en el plano material.

Romperme me ha enseñado que mi forma de ser se forjó por mis vivencias y mis miedos sin sanar. Por el pavor a que me viesen vulnerable, al abandono y a la falta de amor. Y muy especialmente por el terror a defraudarme a mí misma y a que la historia se repitiese.

Mi kintsugi consistía en liberarme de la culpa y de mi propia coraza.

Entender, comprender y, como dice Marian, aliviar. Porque solo así puedo conectar. Conmigo y con los demás.

Rota por completo, despedazada y hecha añicos por mi depresión, me encontré en mi propio abrazo.

Como en el kintsugi, acepté mis heridas e imperfecciones y las sané con polvo de oro y resina para volver a florecer.

Estaba ante mi propio muro. Mi kilómetro 29 en la vida. El conocido como «muro de los maratonianos» es un momento de crisis que los corredores de maratones sufren cuando su cuerpo agota las reservas de glucógeno. Se calcula que nuestro organismo puede llegar a acumular aproximadamente 2.000 kilocalorías procedentes de carbohidratos, lo que permite que el glucógeno se utilice como fuente de energía, más o menos hasta el kilómetro 30. Después, el organismo busca otra fuente de combustible; en este caso, las reservas de grasa. La cuestión es que el cambio de fuente de energía se traduce en una gran fatiga muscular y una sensación de agotamiento increíble. El desgaste físico se vuelve brutal. ¡Y ahí aparece el muro!

Te sientes verdaderamente incapaz de terminar la carrera. Tu mente te dice «no puedo seguir» y tienes que ser más fuerte que ella para aguantar.

Se sabe que hay diferentes factores que influyen en el momento en que aparece el muro: puede variar en función del peso o del estado físico del corredor, pero también según el ritmo de la carrera. Normalmente ese muro suele aparecer entre el kilómetro 30 y el 35. Dicen que ahí es donde realmente comienza la verdadera maratón.

En mi caso, el dichoso muro aparecía antes. Concretamente en el kilómetro 29. Y no creo que fuese por ninguno de los factores anteriores, sino por una cuestión mental. Mi mente sabía que lo duro se aproximaba y, por miedo a no poder controlar la situación —una vez más, el control—, la reacción de mi cuerpo ante una situación fuera de mi alcance o, peor aún, ante la posibilidad del fracaso, de no cumplir o superar mis propias expectativas, era el terror.

Por eso, mi mente generaba ese desgaste un kilómetro antes que para el resto de los maratonianos: POR MIEDO.

Mi marido es un pilar importantísimo en mi vida y en las carreras no iba a ser menos: siempre me ha acompañado y seguía la pista de mis pasos para ser mi aliento cuando sabía que yo estaba a punto de flojear.

La noche antes de cada maratón, programábamos los puntos kilométricos en los que él estaría para verme y animarme. Por supuesto, Chino siempre estaba en mi kilómetro 29, porque sabía que era cuando más le necesitaba. Pero su carrera empezaba mucho antes, en el kilómetro 4, poco después de la salida: esto le permitía cruzar en transporte público o patinete las ciudades donde corría, que siempre están cortadas por la maratón. Chino llegaba con la lengua fuera a cada punto y, casi sin aliento, su voz y su mirada me daban el chute de energía que necesitaba para seguir. Su presencia era para mí más reconstituyente que 15 geles energéticos que pudiera tomar.

Si eres corredor, sabrás que cada premio en una competición es vida y motor para impulsarte a alcanzar la meta. En mi caso, dos kilómetros antes de llegar al punto donde sabía que estaría Chino mi dopamina se disparaba y aumentaba el ritmo de mi carrera, solo por la emoción de verlo.

Otro de esos chutes de energía era mi directo en Instagram. Durante mis maratones, siempre compartía con mis seguidores un kilómetro de mi carrera. Les mostraba cómo era vivir una maratón Major desde dentro: el ambiente, las sensaciones... Hablábamos y comentábamos todo lo que iba sucediendo durante esos mil metros. Esto lo hacía en el kilómetro 20, para entrar en la media maratón con la energía y el apoyo de todas las personas que se conectaban para darme su cariño. Y no solo no bajaba mi ritmo por el hecho de correr y hablar a la vez sosteniendo el móvil: la adrenalina hacía que incluso corriera más rápido durante el tiempo que duraba ese directo.

En Londres, mi penúltima maratón Major, aposté por mostrar mi lado más vulnerable y conectarme en mi muro. En mi kilómetro más difícil.

Antes de empezar la carrera decidí que estaría retransmitiendo en directo mi kilómetro 29.

Justo dos semanas antes de la carrera ya había dado rienda suelta a la valentía más pura de mi ser: en la entrega del Premio Influencer con Valores de la revista *Fearless* me había mostrado vulnerable, real, valiente y, al mismo tiempo, fuerte ante el mundo. Había alzado mi voz tras meses de lucha con una depresión y una tristeza profunda.

Después de años perdida, huyendo de mí misma, había comenzado a indagar y a entender el porqué de muchas cosas que me sucedían.

Y este premio había sido el clic para empezar a soltar.

Decidí que ese directo lo haría con Pablo, mi entrenador, y con Chino, que intentaría unirse a nosotros corriendo durante medio kilómetro.

Pero aquello no salió como habíamos pensado. Llovió durante todo el recorrido. La ciudad estaba colapsada. Chino no había podido estar en el kilómetro 20, ni mi hermana —que vive en Londres y quería animarme con mi sobrina— en el 24.

Cuando llegué al kilómetro 27, divisé a Chino. ¿Qué narices hacía ahí? ¡Quedaban dos kilómetros para mi muro! Y eso significaba que no iba a estar en mi momento más difícil de la carrera.

—Está todo cortado, gordi... No llego... Lo siento, pero no llego.

El pobre estaba casi más angustiado que yo. Solo era capaz de repetirme:

—¡No hay muro! ¡No hay muro!

Yo no podía dejar de llorar. Llegué al kilómetro 29 y me conecté en directo. Rota.

—No sé si voy a poder... —fue lo primero que dije. Estaba a punto de derrumbarme. De tirarlo todo por la borda—. Estoy en la mierda mental ahora mismo —confesé.

Era la primera vez que la gente me veía tan sumamente hundida. Porque me habían visto vulnerable unas semanas antes contando los abusos que sufrí, sí. Pero en aquel escenario estaba entera. Sin embargo, en ese kilómetro 29 estaba físicamente destruida y emocionalmente partida en dos. Mi entrenador intentaba darme ánimos, tirar de mí mentalmente, pero ni él sabía cómo.

Chino, mi gran apoyo, no iba a estar en ese momento que era tan difícil para mí.

No me daría la mano, como siempre, poniendo su mejor sonrisa a pesar de que él odia que me pegue las palizas que me pego para correr maratones. No iba a tener su «¡Vamos, Paula!», después de hacerse su particular maratón sorteando calles cortadas y embudos de gente por toda la ciudad.

Pablo no hacía más que decirme:

—¡Paula! ¡Que te vas a deshidratar de tanto llorar!

Y no solo lloraba por no contar con Chino a mi lado en el muro. Era también por todas las emociones que tenía a flor de piel después de haber empezado a liberarme el día del premio. Y en esa carrera, que era la primera después del discurso, también estaban mi hermana y mi sobrina. Para mí era superemocionante y, como tenía la sensibilidad disparada, no paraba de llorar.

—¡Vamos, Paulita! ¡Vamos, que llegas!

Aquellas palabras me impresionaron. Me quedaban unos metros para terminar la carrera y no esperaba oír esa voz de mujer, precisamente en ese momento.

Miré hacia delante. ¡Era mi hermana Pipi! No sé cómo, pero logró colarse justo antes de llegar a meta. Verla ahí, con mi sobrina, fue uno de esos momentos que marcaron el principio de mi recuperación.

Porque la reacción de mi familia ante lo que yo había hecho público unos días atrás también me había preocupado. No sabía si podía dañarles que yo contase lo que había sufrido. Necesitaba soltar ese lastre, pero, al mismo tiempo, ¿cómo hacerlo sin crear más dolor?

Su respuesta fue sanadora.

—Perdóname: durante este tiempo los abusos que sufriste han sido un tabú para mí, porque me sentí culpable por no haber sabido protegerte.

Ahí me di cuenta de que todos cargamos nuestra propia mochila a cuestas frente al dolor. Que unos lo sufren directamente, pero otros lo padecen de forma indirecta. Y a veces la falta de respuesta es también una respuesta en sí misma.

Ser valiente ha sido para mí dejar de tener miedo a mostrarme vulnerable. Y reconocer que, como cualquier otra persona, necesito amor y ayuda.

Hace unos meses, en un reportaje que hice, junto con Eugenia Osborne y Adriana Ugarte en *Telva,* me preguntaban por algo que me hiciera sentir orgullosa de mí. Y me encantó oírme decir: «Mi vulnerabilidad». ¿Quién lo habría imaginado apenas un año antes?

Cuando me di permiso de romperme en pedazos, pude construir con ellos un ser más auténtico y especial: la mujer que me habita y que, durante tanto tiempo, había encerrado en una cárcel de oro.

Mi particular kintsugi ha sido posible gracias, primero, a la resina del amor de Chino. Qué difícil ha tenido que ser mantenerse a mi lado, ser mi columna vertebral durante todos estos años de pánico y frenesí.

Y el polvo de oro con el que he reconstruido todas mis piezas ha sido mi capacidad para no tirar la toalla. Mi valentía para mirarme hacia dentro, para no desfallecer en los días en los que nada parece tener solución. La paciencia y la introspección.

Quiero terminar este capítulo diciéndote que no tienes por qué estar solo. Sola, como yo creí estar.

Pedir ayuda está bien. No solo eso: es necesario.

Recuerda: puedes con todo, pero no con todo a la vez.

Capítulo 5

SUELTA Y CONFÍA: LLEGA LA MATERNIDAD

Todavía recuerdo aquel momento en el que mi psiquiatra me decía, muy convencida: «El día que acabes tu terapia, estarás embarazada». Esa frase resuena en mis adentros desde hace meses. Se me ponen los pelos de punta solo de pensar en todo el camino recorrido hasta aquí, y en mi evolución y trabajo interior.

Según me dijo esa frase, reaccioné con este pensamiento: «Esta mujer no sabe lo que dice, qué confundida está». Pero la única que estaba confundida, o más bien perdida, era yo.

Estoy escribiendo estas líneas, embarazada de cinco meses. Este libro tan liberador y sanador para mí verá la luz y llegará a vuestras manos cuando mi hija Manuela ya esté en el mundo, si Dios quiere.

Durante años me autoconvencí de que no me desenvolvería bien en el rol de madre. Me creí fielmente el cuento de que la maternidad no era lo mío y que ese instinto maternal jamás se despertaría en mí.

A esto se sumaba que había encontrado a mi gran compañero de vida, y que mi marido y yo cultivábamos cada día el amor y el apoyo más vital que jamás había visto en mi entorno, y que nunca hubiera podido imaginar. Juntos lo teníamos todo y ambos sentíamos que no necesitábamos nada más. Gozábamos de nuestra libertad para estructurar nuestra vida a nuestro antojo y nunca fuimos niñeros.

Sufrimos muchísima presión social por parte de nuestro entorno y, en mi caso, también en el universo digital, por el hecho de ser una mujer de perfil público. Sin embargo, no nos afectaba. Teníamos nuestra idea y decisión muy claras.

Por otro lado, estaba mi amenorrea y la pérdida de mi función reproductora. En cierto modo, no poder tener hijos en ese momento me tranquilizaba: no vería alterado mi estado de falsa seguridad. Además, confesaré que esta circunstancia también me provocaba cierto agobio. Egoístamente, es muy diferente no tener hijos porque decides no tenerlos —la historia que nos contábamos Chino y yo— que porque fisiológicamente no puedes tenerlos —una realidad más determinante que nuestra propia idea—. Es decir, aunque yo me repetía que no quería ser madre, algo dentro de mí me hacía sentir mal porque, en el caso de que quisiera, era «imperfecta» y no podría lograrlo por mi falta de menstruación.

Hubo un momento en que incluso nos planteamos congelar óvulos para una potencial fecundación *in vitro,* por si en algún momento se despertaba nuestro instinto maternal y paternal, cambiábamos de opinión y ya era demasiado tarde para concebir de manera natural. Hay que tener en cuenta que, a pesar de que el ginecólogo me hubiera dicho que tenía una reserva ovárica similar a la de una niña de 13 años, a partir de los 36 esa reserva empieza a caer en picado en la vida de cualquier mujer, así que mi reloj biológico iniciaba su cuenta atrás.

Sin embargo, decidimos no congelar. Ser padres no era nuestra prioridad. Si en algún momento ese instinto afloraba, lo intentaríamos de manera natural. Si no llegaba el bebé, significaría que no tenía que ser. Así de sencillo.

Yo entonces no lo podía ver con claridad, pero mi negación de la maternidad era otra consecuencia de toda mi trayectoria vital, del sufrimiento que me había golpeado y de la manera en la que había tratado de poner parches a mis heridas para sobrevivir.

Ahora lo veo todo desde otra perspectiva y lo entiendo tan bien... Todo cobra sentido. ¿Cómo iba a enfrentarme al mundo de la maternidad si cargaba con cientos de traumas sin sanar?

Las batallas más duras son las que suceden en nuestro interior. El peor enemigo habita en nuestra propia mente.

Era necesario curar mis heridas para no esparcir mi dolor, para evitar que yo hiciera lo que mi madre había hecho conmigo.

Ahora entiendo el vínculo entre madres e hijos. Mientras escribo estas líneas, aún no he dado a luz, Manuela está en mis entrañas; pero solo con sentirla y haber curado tanto en mí me rebelo contra las cosas que me tocó vivir durante mi infancia y mi adolescencia.

Hoy, desde mi madurez, veo que, cuando trataba de alcanzar el bienestar y el cobijo en brazos de mi madre, encontraba como respuesta la dureza, el rechazo, el castigo, el daño, la soledad.

Era, a todas luces, una relación basada en un sistema dominador que utilizaba el displacer verbal y el dolor físico como armas implacables para la domesticación de los niños. La costumbre de infligir dolor a los pequeños y, por tanto, más débiles, era también una forma de supervivencia de algunos adultos.

Por eso, ahora entiendo que yo misma no quisiera ser madre: por miedo a ejercer el mismo patrón de dureza, desamor y abandono en mis hijos.

Cuando somos niños, dependemos única y exclusivamente de nuestras madres. Una fuerte conexión nos une con ellas. Sin embargo, en nuestra generación sufrimos las heridas de nuestros padres de manera directa.

En aquellos años no era habitual ir a terapia, estaba mal visto. Yo escuchaba en mi familia: «Ir al psicólogo no es necesario: si tenéis cualquier problema, se habla y se resuelve en casa».

Una amiga me recomendó el libro *Una civilización niñocéntrica,* de Laura Gutman, y me ha ayudado mucho a entender mis miedos y actuaciones, y a no caer en los mismos errores que mi madre cometió conmigo en mi infancia. Posiblemente, o más bien seguro, yo cometeré muchos fallos en la crianza de mi hija y será un continuo aprendizaje, pero sé las cosas que no haré ni repetiré con ella.

Este libro que os comentaba y mis casi dos años de terapia me han enseñado cómo una crianza amorosa puede salvarnos en todos los sentidos. Y cito textualmente estas palabras que reflejan a la perfección lo que quiero transmitiros y lo que he vivido:

> «Los niños hemos estado sometidos durante nuestras infancias a reprimir todo vestigio de deseo, contacto, placer y bienestar, aceptando las imposiciones de los adultos susceptibles al dominio, la manipulación y la explotación. Habiendo sido criados en familias en las que las jerarquías rígidas y los castigos dolorosos fueron banales, hemos aprendido precozmente a reprimir la ira hacia nuestros padres, desviando esas rabias contenidas contra quienes percibimos como débiles».
>
> *Una civilización niñocéntrica. Cómo una crianza amorosa puede salvar a la humanidad,* de Laura Gutman

Otra cosa que cuenta este libro es cómo estamos acostumbrados a negar el sufrimiento infantil, asumiendo la interpretación de los adultos que nos han criado y volcándola luego en nuestros propios hijos en una cadena interminable de sufrimiento generacional. Se me encoge el corazón solo de pensarlo. Y de cómo durante años he querido justificar las actuaciones de mi madre y entenderlas. Sobre todo, entenderla a ella.

Al fin y al cabo, como tantas veces he insistido en estas páginas, comprender es aliviar y justamente eso es lo que he trabajado profundamente en mi terapia.

No la juzgo. No soy quién para hacerlo y además no es mi propósito. Hoy comprendo que la dureza es el modo en el que ella ha aprendido a vivir. Esta conducta ha sido un patrón repetido en generaciones anteriores, que ha asumido sin más, sin tratarla ni sanarla. Esto la ha llevado a repetirlo con sus hijos.

Alguien me habló del concepto «emocionalmente no disponible» y creo que, en cierto modo, es una expresión que describía bastante bien la situación de mi madre respecto a mi crianza. Porque las personas emocionalmente no disponibles arrastran heridas que les impiden conectar de una manera sana con los demás, abrir su corazón y establecer vínculos de afecto.

La generación de mi madre aún ha recibido una educación en la que los padres lo solucionaban todo con el «porque yo lo digo y punto». Y sacaban a pasear los bofetones con gran facilidad. Daban miedo.

No es que esta explicación justifique una conducta que se aleja de lo que pienso que debe ser una relación sana entre madre e hija. En absoluto. Sin embargo, me alivia y me calma entender las circunstancias que han podido desembocar en la dureza con la que he sido criada. Perdonar a mi madre, desde lo más profundo de mi ser, me ayuda a romper la cadena de dolor para que no se transmita a mi hija y que, el día de mañana, ella esté libre de ataduras generacionales para poder criar a sus hijos con amor.

Cuando este tipo de vivencias y comportamientos están detrás de una madre, es muy difícil despegarte y perdonar. Sientes la culpa metida en los huesos. Se necesita una gran fortaleza para salir de ahí y, al mismo tiempo, comprender que si ha actuado de esa manera ha sido por sus creencias. Con una madre descalificadora es difícil sanar; para mí, ha sido lo más duro y complicado de mi proceso de sanación y terapia, más aún que mis aterradores abusos sexuales. Puedes intentar ponerte en sus zapatos y entender que, si hubieras vivido su vida, tal vez serías igual. Sin embargo, tienes tu propia vida y la oportunidad de ser distinta a ella, sin importar ya su aprobación. Jamás pensé que lograría escribir y, sobre todo, sentir esto. Llegar hasta aquí no ha sido fácil.

Junto a la dureza, yo arrastraba un trauma de desprotección y abandono. Los adultos no pudieron protegerme del abuso que sufrí y, cuando lo supieron, intentaron taparlo, olvidarlo, corriendo un tupido velo para hacer como si nada hubiera ocurrido y que la vida podía seguir adelante como si tal cosa. Solo pensar, aunque fuera de manera inconsciente, que podía repetirse la historia, cuando yo fuera madre, me provocaba un terror infinito.

Me horrorizaba la remota posibilidad de que una futura hija mía sufriera lo mismo que sufrí yo. Y, al mismo tiempo, también temía que mi instinto de protección me llevase a hacerle el mismo daño que, sin querer, hice a mi hermano pequeño, creando aquella familia de osos que le aterrorizaban para impedirle adentrarse en la casa, donde yo padecí todas las atrocidades que marcaron mi vida.

También rechazaba el rol de madre porque, de algún modo, ya había ejercido ese papel, sin corresponderme, con mis hermanos pequeños.

Mi madre tuvo a los mellizos con 40 años. Entonces yo tenía 15. De hecho, nacieron un día antes que yo, 15 años más tarde. Qué cosas más curiosas nos regala la vida.

Mis hermanos pequeños fueron una verdadera ilusión para mí. Eran como mis muñecos. Sin embargo, el disfrute se convirtió en una responsabilidad inapropiada para una adolescente. Mi madre sentía que llevaba toda la vida criando niños —porque a los 20 años conoció a mi padre y ya se hizo cargo de la educación de mi hermana Pipi, y luego llegamos Manuel, Gonzalo y yo—. Además, pasaba por un momento emocional y psicológicamente complicado, así que delegó ciertas ocupaciones en mi hermano Manuel y en mí. No hablo solo de cambiar pañales o dar de comer: me refiero a convertirnos en su sustento y en su pilar educativo e incluso económico.

Tener un hijo, de alguna forma, era volver a todo aquello. Esto no lo pensaba de manera consciente; estaba dando vueltas en mi subconsciente y no lo vi claro hasta que trabajé el trauma.

Si yo me trataba, si me curaba, nada de esto tendría por qué suceder. Y si sucediese, iba a estar preparada para apoyar y ayudar a mi hija en todos los sentidos.

He comprendido que el hogar no es el lugar donde naciste; el hogar es donde cesan todos los intentos de fuga.

Y yo me había pasado la vida fugándome de mi pasado, huyendo, porque lo que asociaba a hogar era puro dolor y desequilibrio.

Pero, de repente, me di cuenta de que podía cambiar la trama de mi historia. Solo dependía de mí hacer ese giro inesperado a lo que siempre había pensado, dejando que se añadiesen nuevos personajes a mi pequeña familia, donde había encontrado la mayor de mis estabilidades.

Cada día estoy más convencida de que ser feliz es estar en paz. Y la paz equivale a estabilidad.

Ser feliz no es estar contenta todo el tiempo, no es que todo salga bien, ni que cada cosa salga como habías planeado.

Ser feliz es estar en paz con las circunstancias, aunque sean difíciles, y decidir cómo reaccionas ante las dificultades. Creo firmemente que ahí reside el éxito de las personas.

Ante las situaciones favorables, todos sabemos desenvolvernos; en cambio, es ante las adversidades cuando realmente demostramos la persona que somos. Nos mostramos en nuestra versión más auténtica, cuando caminamos por delante de nuestros miedos y problemas.

Así que un día despiertas y tu corazón está tranquilo. Nada duele. Volviste a ti.

Este fue en mi caso.

En diciembre de 2023, regresó mi ciclo menstrual. Desde entonces, apareció de forma regular, cada 28 días.

Era el momento más duro de la enfermedad de mi padre, cuando empeoraba por momentos. Pude decírselo justo antes de que le diagnosticaran metástasis cerebral y que fuese perdiendo la cabeza, poco a poco. Él, con una sonrisa inmensa, me respondió:

—Chata, entonces ¿vais a tener hijos?

Sonreí y, de repente, sentí que sí, que deseaba ser madre. Que no quería perderme bajo ningún concepto la experiencia de ver a Chino desempeñando el rol de padre. Aspiraba a ver a un bebé que tuviese cosas de los dos y que fuese fruto de nuestro amor. Puede sonar cursi, pero justamente así lo pensé.

Fue esa pregunta de mi padre la que me hizo ver las cosas con claridad. De alguna forma, a lo largo de mi vida, inconscientemente, me había visto a mí misma en situaciones en las que sentía que, en algún momento, sería madre. Por ejemplo, cuando Chino me regalaba alguna joya, pensaba: «Si algún día tengo una hija será para ella»; o cuando me hacían un reportaje imaginaba cómo sería enseñárselo algún día a mi hija... Sin embargo, apagaba esos pensamientos rápidamente de mi cabeza.

Incluso cuando construimos nuestro proyecto conjunto en Marbella, Casa Manuela, la casa de nuestros sueños, la llamamos así porque siempre decíamos que, si algún día teníamos una hija, su nombre sería Manuela. Nos encantaba ese nombre a los dos, pero como el instinto no llegaba se lo pusimos a la casa.

De algún modo, Casa Manuela fue para nosotros algo así como una hija. Sé que muchas veces consideramos que nuestros proyectos son nuestros hijos: los engendramos y los damos a luz. Pero en esta ocasión se trató de algo mucho más íntimo. Algo que quizá hacía presagiar que realmente estábamos creando el principio de una nueva vida.

Encontramos la casa paseando por Marbella, un lugar que para Chino y para mí simboliza la paz. Es la magia del verano, el *dolce far niente* de los días largos bajo el sol y las noches llenas de alegría entre rumores de buganvilla. Nuestras familias siempre habían veraneado en este paraíso y, después del confinamiento, cuando pudimos regresar a respirar aire puro, nos escapamos allí para «volver a empezar».

Cuando entramos en la casa, a pesar de que no se parecía nada a lo que nos podría haber inspirado, tuvimos esa sensación indescriptible de «aquí es». Era como si se nos removiera algo por dentro, como si el cielo nos estuviera diciendo que era nuestro lugar. Como si supiéramos en lo más profundo de nuestro ser que en ese espacio podrían suceder grandes cosas...

Allí queríamos crear un espacio que fuese mucho más que una casa: deseábamos formar un hogar en el que habitar de manera experiencial. En el que sentir. Donde amar. En el que cada rincón pudiera abrazar a quien lo viviera. Donde sentirse en casa.

La pandemia nos había cambiado a todos —o al menos eso creíamos entonces—. Queríamos VIVIR, con todas las mayúsculas posibles. Habitar espacios puros, donde nuestras ilusiones pudieran volar sin nada que las confinase.

Y eso quisimos hacer en Casa Manuela.

La luz fue la brújula que guio cada paso. Todo allí lo concebimos como vida, naturaleza, calma, paz.

Welcome to your second Casa.

Ese fue desde el comienzo nuestro *claim*. Porque nuestro propósito es que cualquier persona que viniera a Casa Manuela pudiera sentir que estaba en su segunda casa. En ese lugar seguro donde ser más uno mismo.

La obra del artista César Manrique, gran artífice de la armonía entre arte y naturaleza, impregnó cada rincón, con algunos detalles de sabor andaluz que nos arraigaban a esa tierra que tan felices nos hace.

Y la suavidad y la fluidez se reflejaban en el concepto de la curva, que conecta todo de manera orgánica. Como la propia naturaleza, que habita en cada detalle, desde los tonos, los materiales, las formas...

Juan Bengoa fue el arquitecto que hizo realidad nuestra idea y creó el hogar que siempre habíamos deseado tener: Casa Manuela. Un hogar inspirado en nuestra hija, mucho antes de que, de manera consciente, ser padres estuviera en nuestros planes y Manuela habitase mis entrañas.

En marzo de 2024, corría mi última maratón Major, en Japón. Esa era la fecha que nos habíamos marcado para empezar a intentar la maternidad.

Estábamos relajados. Lo que tuviese que ser, sería.

Yo tenía 38 años y acababa de recuperar mi menstruación. No iba a ser fácil quedarme embarazada, así que no quería obsesionarme ni agobiarme por ello.

En mayo de 2024, justo después de volver de la maratón De Sables por el desierto de Jordania, uno de los mayores retos deportivos y personales a los que me he enfrentado, me quedé embarazada. Y sé con certeza que mi padre, desde el cielo, ha tenido mucho que ver en esto.

Sucedió en Florencia... Curiosamente, la cuna del Renacimiento me hizo renacer para dar la vida a mi hija. Chino quería que fuera un viaje sorpresa, pero, claro, mi alma controladora me hizo preguntar una y otra vez qué hacían tres días bloqueados en la agenda a la vuelta de Jordania. Aun así, creo que era la primera vez en la que no llevaba una escapada organizada al milímetro, sino que dejaba que las cosas sucedieran, ¡incluso pateando la ciudad con los tobillos superinflamados después de la maratón por el desierto!

Nos relajamos. Nada de planificaciones estresantes y cuadriculadas. Nada de restricciones: comí helado, pizza, pasta... ¡Todo lo que no me permitía nunca por mi perfeccionismo extremo!

Una de las noches, agotados de tanto caminar por esas calles llenas de belleza, compramos pizza y helado y nos subimos la cena a la habitación. Nos pusimos a ver una serie, abrimos una botella de vino... y conectamos con nosotros mismos como nunca. Nos fundimos durante horas, como si el tiempo no existiera, como si el mundo fuésemos solo nosotros dos. El universo contuvo el aliento para nosotros durante aquella noche. Y de aquel soplo de vida y belleza contenida llegó Manuela.

El 29 de junio de ese mismo año, justo el día de nuestro duodécimo aniversario de boda, mientras Chino y yo lo celebrábamos en Casa Manuela, salió positiva la prueba de embarazo. Y aunque yo sabía desde hacía días que ya no era la misma, estábamos absolutamente sorprendidos de habernos quedado embarazados tan rápido.

La sensación que tuve al ver «Embarazada» en ese predictor no puedo describirla con palabras, pero lo intentaré. Fue una sensación de plenitud inmensa, de paz y de felicidad inenarrables. Nunca me había sentido así.

El mundo entero se detuvo para mí. Para nosotros. El corazón empezó a latir deprisa, como si realmente se hubiera fusionado con el bebé que ya habitaba en mí.

Sentí brillar en torno nuestro todo el torrente de luz que siempre nos había conquistado de aquel espacio, como si este pequeño gran milagro hubiera dado vida a cada rincón de la casa. Todo, por un momento, nos abrazaba, nos inundaba de amor y de belleza.

Nuestro manifiesto de Casa Manuela («Aquí solo existe la transformación») se había hecho realidad con nosotros dos —ya tres—: conexión, energía, consciencia. El arte de vivir.

Al mismo tiempo, una montaña rusa apareció dentro de mí y se me amontonaron las preguntas sin respuesta en mi mente controladora: ¿Podré con todo? ¿Estoy lista para ser madre? ¿Cómo ha sido tan pronto? ¿Saldrá todo bien?

En el abrazo de Chino y el calor de nuestro oasis de paz encontré la respuesta: el «sí» rotundo a la vida.

Manuela es una niña arcoíris. Los niños arcoíris llegan a la vida de las familias como un regalo que les permite renovar y ver la luz después de una gran tristeza.

Ellos son enviados para dar alegría y armonía al hogar. Nacen para ser la esperanza y la renovación de la familia.

Estoy convencida de que Manuela y mi padre se han conocido ya en el cielo, porque es imposible que se den tantas casualidades como han rodeado la marcha del Jefe y la llegada de Manuela.

Como conté previamente, el 14 de febrero, diez días antes de mi viaje a Tokio para completar mi reto y cinco antes de su cumpleaños, mi Jefe nos dejó. Habían pasado nueve meses desde que supimos su diagnóstico de cáncer, en junio de 2023.

Pues bien, en junio de 2024 me enteré de que estaba embarazada y Manuela nacerá en febrero de 2025. Es como si mi padre me dijese: «Estoy aquí, Chata, siempre contigo».

Me emociono mucho al pensarlo. Me da cierta tristeza no haber podido decirle nunca: «Papá, estoy embarazada» —¡con la ilusión que le habría hecho!—. Y me da muchísima pena que nunca vaya a poder abrazar a Manuela.

Pero creo firmemente que las personas, cuando mueren, se mudan dentro de nosotros. Por eso, aunque mi padre nunca pueda estrechar entre sus brazos a Manuela, estoy convencida de que la ha conocido antes que todos nosotros.

La vida tiene unos giros de guion increíbles. Te dejan sin aliento. ¿Cómo explicar que el hogar que creamos inspirado en Manuela, cuando ni siquiera planeábamos ser padres, fuera el escenario donde supimos que ella venía de camino y donde la sentí en mi vientre por primera vez?

El primer día que la noté moverse fue el 13 de septiembre. Recuerdo la fecha con mucha claridad, porque me estaba preparando para acudir a un evento en Marbella. Estaban ultimando el maquillaje y el peinado y, de pronto, algo vibró dentro de mí. Noté el movimiento en el vientre: era muy delicado y tenue, casi como un susurro. El tiempo se detuvo por un instante ante la certeza infinita y sagrada de que existía una vida latiendo dentro de mí. Conexión pura en un abrazo invisible y maravilloso.

—¡Qué *heavy!* ¡Qué *heavy!* ¡La acabo de notar! —no pude contenerme. La felicidad me embargó y erizó cada poro de mi piel.

Gracias a mi amigo, el fotógrafo Manuel Martos, tengo la imagen que me recuerda ese momento y lo hace eterno.

Fue la gran confirmación de que este sueño es realidad. ¡Si es que aún no me creo que el próximo verano estaremos con Manuela en Casa Manuela!

Jamás imaginé que estar embarazada fuese a significar tantas cosas para mí. ¡Quién me lo iba a decir años o siquiera meses atrás!

Cuando llegué a la consulta de mi psiquiatra, me encontraba completamente perdida por los fantasmas de mi cabeza y por la falta de ganas de seguir viviendo. Por el estrés postraumático que me impedía controlar mi ansiedad y lo que sentía realmente. No entendía el porqué de muchas cosas. No me conocía realmente. Ella y mi «núcleo duro» me ayudaron a salir de la jaula en la que estaba, la batalla más difícil a la que me he enfrentado, años en los que, en definitiva, he sembrado la tierra para cosechar mi actual paz interior y mi estabilidad y serenidad.

Solo espero que si tú, que estás leyendo estas líneas, también te encuentras perdido, te sirva o te ayude a encontrarte.

Detrás de una mujer perfeccionista hay una niña muy herida que se esfuerza cada día por ser vista y querida.

Quiero terminar este capítulo hablando de las dichosas etiquetas que nos acompañan desde niños y nos encasillan en comportamientos y actitudes que creemos que nos corresponden, pero que realmente nos alejan de nuestro verdadero yo. Cuando nos preguntamos quiénes somos, chirrían en nuestro interior, porque tal vez esas etiquetas no nos representan o nunca nos representaron, o solo lo hicieron en un momento determinado, como una reacción momentánea a una vivencia, pero no nos identifican. No son nuestra identidad, sino una manera de sobrevivir, no de vivir.

Tal vez nunca tuve un carácter fuerte y solo estaba expresando mis sentimientos o pidiendo ayuda a gritos. A lo mejor no era exigente y solo tenía miedo de volver a vivir una situación imperfecta.

Puede que realmente no sea como siempre creí o me hicieron creer desde niña: simplemente era lo que me habían dicho y repetido hasta la saciedad. A lo mejor también eran las etiquetas de conductas que me arrastraban a ser así en un entorno difícil.

A lo largo de los años, potencié las etiquetas que se me habían adjudicado y defendí determinadas actitudes, porque siempre había sido así, o eso me habían hecho creer.

Sin embargo, nunca había escuchado mi propia voz. Nunca fui tan complicada, tan dramática, tan egoísta, tan independiente, tan impaciente...; solo me habían hecho creer que lo era.

Te propongo que te hagas la misma pregunta: ¿quién eres realmente?

Tal vez ha llegado el momento de revisar todo lo que creíamos que éramos, porque ya no somos los mismos.

Durante años, hemos asumido que somos tantas cosas de forma definitiva...

Ahora toca abrazarnos y elegir para nosotros nuevas palabras, más allá de las etiquetas, con las que nos sintamos identificados hasta que nos las creamos profundamente.

Yo ahora soy madre. Jamás pensé que esta palabra me representaría y que sería la maratón más bonita y difícil a la que iba a enfrentarme.

Ya no tengo heridas escondidas y siento que la niña que un día fui, aunque fuese niña por poco tiempo, hoy sonreiría de felicidad si me viese.

También siento que ha sucedido cuando tenía que pasar, cuando mi cuerpo —sí, mi cuerpo— y mi mente y mi alma estaban preparados.

No podría haberme enfrentado a la maternidad antes, porque no era capaz ni de maternarme a mí misma. De cuidar de mí. No podría haber maternado a un hijo, porque habría volcado en él todas las heridas que yo misma tenía sin sanar.

De hecho, pienso que en nuestra sociedad actual muchos padres se enfrentan al rol más difícil de su vida, simplemente porque es lo que toca. Lo que te impulsa a hacer la sociedad. Una nueva etiqueta: te casas y tienes hijos. Tienen que aprender a sanarse sobre la marcha de ese viaje que es criar a un hijo, esparciendo de alguna forma sus traumas y heridas.

Como dice Madonna: «No me gustan las etiquetas. Te limitan, y yo no quiero límites».

Me gusta pensar que las personas en plenitud somos seres infinitos encarnados de manera material en un cuerpo tangible y, en cierto modo, efímero.

Todo aquello que nos limita nos va robando un pedacito de nuestra alma. De nuestra autenticidad. Y llega un momento en el que no sabemos ser nosotros mismos, porque nos hemos perdido en un camino lleno de convenciones, de miedos y de prisa. Prisa por llegar a ninguna parte, que es donde te sientes cuando estás apegada a la historia que tú misma te has contado sin llegar a creértela.

Soltar y confiar.

Dos palabras que inspiran, pero que resulta difícil poner en práctica.

Y, sin embargo, si sueltas y confías, sale tu yo más auténtico.

Si sueltas y confías, puedes maternarte a ti misma.
Si sueltas y confías, puedes aprender a amar.
A amarte.
Y eso lo cambia todo.

Capítulo 6
APRENDER A AMAR(ME)

Seguramente no estés leyendo este libro por casualidad, igual que yo no lo he escrito sin ningún fin.

Quiero cerrar estas páginas de la misma forma en que las comencé, con mi resurgir, volando como un ave fénix en aquel avión de vuelta de Tokio, donde ya no buscaba ser perfecta porque al fin había descubierto que tampoco quería serlo. Aquel viaje en el que, por todas las circunstancias de la vida, había resurgido una mujer llena de emociones, ilusiones y, por supuesto, también miedos.

Pero ya no los ocultaba, ni intentaba huir y correr hacia delante, como siempre había hecho, para tapar a la Paula original y crear a un personaje que ya nunca más me interesaba volver a ser. Se acabó ocultarme de mí y ocultarle al mundo cómo era realmente.

Mi sanación y mi paz interior llegaron de nuevo cuando recordé cómo amarme.

Cuando me liberé y me acerqué a mí misma, solo entonces resurgió la verdadera Paula.

Aprendí a fluir, con un foco, por supuesto: lograr esa estabilidad y paz interior, pero dejándome llevar y permitiéndome ser íntegramente. Sin prisa, haciendo las paradas necesarias que la vida me pedía.

Me olvidé de la Paula impaciente, de aquellas etiquetas impuestas, y simplemente me dejé ser para sanar.

Empecé a descubrir que el control bloqueaba todos mis objetivos, incluso el de sanarme.

Entendí que la vida no es control. Es fluir, en equilibrio. Justo ahí podría sentirme yo y encontrar mi plenitud.

Tenía tanta obsesión por el orden y el control que aún hoy me cuesta soltar del todo. Hasta en estas páginas.

Este libro ha sido tremendamente sanador para mí, no solo por poder entenderme mejor mientras revivía mi historia y escribía cada línea: también porque he aprendido una nueva lección para mantener a raya mi obsesión por el orden y el control.

He tenido que enfrentarme a momentos de bloqueo, a capítulos que no terminaban de fluir. Mi editora me decía: «Paula, deja esa parte y vuelve a ella cuando estés preparada. Pasa al siguiente capítulo y retomaremos después. Seguir el orden del índice mientras escribes no es la clave». Pero eso no me podía suceder a mí. Mi mente y mi obsesión por la perfección no me permitían pasar de capítulo sin acabar el que correspondía en el índice que yo misma había diseñado para estas páginas. Los plazos de entrega eran sagrados para mí: se cumplían pasase lo que pasase, sin importar cómo me sintiese.

Y no. En este proceso maravilloso de escribir un libro autobiográfico he entendido también que, efectivamente, un libro tiene su orden para que la historia esté bien contada, pero que su creación siempre admite cierta parte de desorden. Que escribir tu historia cuando todavía no ha terminado es algo tremendamente difícil y que darme tregua y permitirme mirarme con cariño iban a ser fundamentales para poner el punto final.

Este libro solo es un pequeño relato de cómo ha sido mi vida y hasta dónde he llegado hoy. Ojo, que no es poco: tengo 39 años y me queda mucho por transitar, mucho por aprender y mucho por evolucionar.

Sin embargo, sí hay algo que ha sucedido gracias a las líneas que hoy escribo y como desenlace a la dureza de lo que he vivido: he aprendido a amar de verdad y, por consiguiente, he aprendido a amarme.

Este es uno de los retos de los que más orgullosa me siento en la vida.

Cuando comencé a escribir estas páginas no imaginaba concluirlas embarazada. Y ahora siento que las cosas no suceden simplemente porque sí.

El orden cambió, porque mi vida, mi ser, mis prioridades y objetivos en la vida cambiaron automáticamente cuando tuve a mi hija en mi vientre. Y por supuesto que Manuela está haciendo su trabajo desde antes de venir al mundo. Por eso, creo que es una niña arcoíris, porque me está sanando desde antes de nacer.

Añadir nuevos personajes a mi historia suponía soltar y dejar el control. Y justo eso es la maternidad.

Desde el momento en el que te quedas embarazada, pierdes el control de muchas cosas. Se acabó planear y programar todo con la rigidez a la que estaba acostumbrada, porque un ser depende de ti y ya es tu prioridad en la vida.

Y este ser puede dar un giro inesperado a lo que tienes marcado en tu agenda. Esto también es la maternidad.

Creo que el embarazo no hay que idealizarlo: es una terapia de choque para la mujer. Justamente lo que necesitaba para superar mi perfeccionismo, empezando por mi propio cuerpo.

Te quedas embarazada y tu cuerpo se transforma. Ese físico trabajado y controlado durante años con deporte extremo y alimentación rigurosa se modifica para su prioridad: tener a un bebé dentro, crear una vida.

Tú dejas de ser la prioridad, incluso para tu propio cuerpo. Aquí lo importante es el bebé.

Mi cuerpo tonificado, mi cintura marcada y mis caderas estrechas se transformaron desde las primeras semanas. Noté cómo mis caderas ensancharon rápidamente, para hacer el espacio necesario para albergar mi bebé, primero, y dar a luz, después. Mis pechos multiplicaron su volumen por tres, mostrando una exuberancia desconocida y muy alejada de mis ideales. Mi vientre comenzó a crecer, antes incluso de lo que suele ser común para la mayor parte de las mujeres embarazadas. Mi cuerpo, en general, empezó pronto a acumular grasa en las zonas cercanas al lugar donde habitaba mi bebé: caderas, muslos, flancos... Así debe ser, para dar a esa nueva vida calor y comodidad en todo el proceso de embarazo.

En mi caso, todo se multiplicó más de lo que suele ser habitual. Habían sido años de deporte y alimentación extremadamente perfectos, con prácticas de ayunos que me hacían sentir mejor y con más energía, pero que ahora mi cuerpo ni de lejos se podía permitir. Cuando perdí mi ciclo menstrual, había llegado a tener un cinco por ciento de grasa corporal —lo óptimo en las mujeres está por encima del quince por ciento, en general—, así que mi cuerpo reaccionó al embarazo acumulando «por lo que pudiera pasar».

De pronto, fue llegar Manuela a mi vientre y aparecer la celulitis. Es natural: el cuerpo de la mujer embarazada segrega mayores cantidades de estrógenos, progesterona o gonadotropina coriónica, hormonas necesarias para que el feto se desarrolle correctamente, pero que en el cuerpo de la madre tienen efectos como la retención de líquidos y, con ella, la aparición o aumento de la celulitis. Junto a ello, se produce más relaxina, una hormona que hace más elásticos los ligamentos del cuerpo para prepararlo para el parto, pero que detiene la producción de colágeno, por lo que empiezan a aparecer las estrías. También aumentan las probabilidades de lesionarte, y por consiguiente, disminuye el control.

Mi cuerpo tonificado no solo desapareció enseguida; es que, aunque entrenaba a diario —con rutinas adaptadas a mi nuevo estado, por supuesto—, mis músculos no reaccionaban como antes. Me seguía viendo blanda a pesar de mis entrenamientos de fuerza.

Sí, no lo voy a negar: estoy disfrutando con mucha ilusión este camino tan emocionante, pero hay también muchos momentos de miedo y de no reconocerme ni gustarme cuando me enfrento a mi imagen ante el espejo.

Y en mi caso, dado que soy una persona con un perfil público, me veo millones de veces cada día, no solo en el espejo, sino en la imagen que me devuelven las redes o los medios de comunicación. No había opción: tenía que hacer las paces con la Paula sin tonificar, ancha, exuberante..., con la mamá de Manuela.

Ha sido un reto muy grande. Embarazada de cinco meses tuve un *shooting* con una conocida firma de zapatos de lujo en Saint-Tropez. Para mí supuso un gran ejercicio de autoestima. Allí iba a encontrarme con dos chicas monísimas, delgadísimas, estilizadísimas, y luego estaba yo, con mi tripa, y mis redondeces.

—No estás gorda, Paula. Estás embarazada —me decía Chino.

Y era obvio. Pero yo no me veía al cien por ciento. No me reconocía ante el espejo. Y ponerme ante la cámara sin gustarme, viendo a mi alrededor un ideal de belleza que yo había tenido, pero que en ese instante no podía alcanzar, suponía todo un reto vital.

En un momento emocionalmente vulnerable como es el embarazo, con un cóctel de hormonas haciendo de las suyas en tu interior, sin reconocerte, sin gustarte, seguir con un perfil público, trabajando en redes y mostrándome sin reservas ha sido una tarea ardua y, al mismo tiempo, gratificante: sé que renunciar a la perfección que habitó en mí hasta apoderarse de mi paz puede ayudar a otras mujeres, que también se encuentran perdidas y que tienen ante sí el reto de reencontrarse con ellas mismas, abrazarse y amarse.

No me veo bien, pero ya no pretendo controlarlo.

Simplemente me hablo de forma amable, me quiero y me dejo fluir, porque en la aceptación está el alivio y porque ya no soy la prioridad.

La prioridad es Manuela y sé que el modo en el que me hablo se lo transmito a ella. Este momento, estos meses de cambios, no son para mí: son para crearla a ella. Ella siente lo que yo siento y quiero que sienta amor y paz. Por eso, hablarme mal, aunque me salga de manera inconsciente, no es una opción.

Ahora que pienso en esto caigo en la cuenta de que quizá mi madre, embarazada de mí, se sintió sola. Con mi padre viajando por medio mundo, sin apenas parar en casa... Y esa soledad me habitó durante años.

De hecho, he leído que cada mujer ya estuvimos en el vientre de nuestra abuela materna: nuestro ovocito estaba en el feto, que era nuestra madre. Por esto llevamos, de algún modo, la herencia genética de nuestras antepasadas.

Yo quiero que lo que Manuela y sus hijas hereden sea la capacidad de vivir en paz y armonía. La fortaleza y la seguridad. La fe en sí mismas.

Este embarazo me ha hecho reconciliarme verdaderamente con mi salud y encontrar también el equilibrio en este sentido. Durante años mi cuerpo solo pensaba en sobrevivir: la naturaleza vino a avisarme de que no podía ser madre, porque tal vez debía cuidarme a mí misma primero.

Y así es como lo estoy viviendo. Ahora me siento relajada, estoy aprendiendo a verme imperfecta y a aceptarme.

No es un camino fácil. Podré con ello, como he podido con cosas mucho peores en mi vida, pero siempre me recuerdo que para superar todo hay que plantearse las cosas de una en una.

Aprender a amar y a amarme pasa por ser consciente de cuidar mi salud todo lo que pueda, pero sin olvidar que obsesionarse por optimizar cada pequeño aspecto de mi bienestar puede terminar generando el efecto contrario y dañarme profundamente.

Sí, me siento muy orgullosa de la disciplina que me hacía entrenar los 365 días del año como una atleta de elite, pasase lo que pasase, me sintiese como me sintiese. Gracias a ser disciplinada y rigurosa he conseguido grandes logros y ha sido mi constancia lo que me ha hecho seguir en los días en los que no tenía fuerzas para levantarme de la cama.

Pero hay algo más potente aún que la disciplina y la constancia: el amor. El amor por una misma.

No existe la salud física sin la salud mental y todo lo bueno, llevado al extremo, se convierte en peligroso.

Os pongo ejemplos:

- No probar tu propia tarta de cumpleaños porque lleva azúcar no es salud. No es quererse.
- Analizar cada día 30 métricas distintas de tu cuerpo (glucosa, HRV o variabilidad de frecuencia cardiaca, calidad del sueño...) no es salud. No es quererse.
- Autocastigarse si un día no puedes entrenar no es salud. No es quererse.
- No celebrar un momento importante porque desajustas tu ritmo circadiano una noche no es salud. No es quererse.

La conexión con tu entorno, disfrutar de la vida y alcanzar la paz mental es equilibrio y, por lo tanto, es salud. Y esto es amarse.

Las pequeñas cosas que antes para mí eran impensables, como los placeres prohibidos de la comida, ahora están en mi vida con la normalidad de una persona que se ama y fluye. Y esto me genera una gran paz interior.

Tengo una anécdota muy curiosa respecto al embarazo y la comida. Nunca pensé que tendría antojos si me quedaba embarazada. «¡Qué absurdo! —pensaba yo—. Una mujer controla lo que le va a dar a su cuerpo». Y hoy sé que sí, que puedes cuidarte, pero sin extremos. Procurando el equilibrio que es la esencia de la propia vida.

Pues bien, desde que estoy embarazada mi cuerpo y mi bebé me piden constantemente el que para mí había sido el alimento prohibido durante años por mis ideales absurdos: la patata, en todas sus versiones.

He estado ocho años de mi vida siguiendo la dieta keto o cetogénica, que restringe de forma muy rigurosa los carbohidratos. Esto te permite ayudar a quemar grasas que tienes en la reserva de tu cuerpo o que ingieres con alimentos ricos en grasas saludables (aceite de oliva, omega 3, frutos secos…). En mi caso, esta dieta ha supuesto grandes beneficios enfocados a la salud y al rendimiento deportivo, además de mejorar mis digestiones y mi descanso.

Soy muy partidaria de este tipo de alimentación, aunque, por supuesto, no la he seguido durante mi embarazo. Y siempre sin llegar al extremo con que yo la practiqué. Porque no me daba tregua en ningún momento ni circunstancia. No me saltaba la dieta ni siquiera el día en el que terminaba una maratón.

Cuando superaba un reto deportivo, me premiaba, sí, pero nunca con comida. Todo aquello que podía perturbar mi perfección física no entraba en mis planes. Recuerdo cuando acabé la primera maratón Major, en Chicago. Después no solo del esfuerzo físico de ese día, sino de meses de entrenamiento durísimo, nos fuimos a celebrarlo Chino y yo. Mi marido me dijo:

—¿Qué antojo tienes? ¿Qué es lo que más te apetece?

Mi respuesta le dejó boquiabierto:

—Un bol de açaí.

Ese era mi concepto de premio. Tomar un poquito de plátano, que me lo tenía prohibido por su alto índice glucémico, con su dosis de azúcar.

Ese era el grado de obsesión enfermiza que había alcanzado, que me llevó al efecto contrario: la inflamación física y cerebral.

Más allá de pedirme todo aquello que le había prohibido en lo relativo a la alimentación, mi cuerpo, nada más quedarme embarazada, también ha respondido con una especie de efecto búmeran a otras de mis prácticas habituales en el pasado.

Apenas me había puesto enferma en mi vida adulta, tal vez porque inconscientemente no me permitía bajar la guardia en ningún momento. Pues bien: de pronto, como les sucede a tantas mujeres, durante el primer trimestre de gestación, mi tensión empezó a estar por los suelos. Sentía mareos y un cansancio constante y demoledor. Necesitaba parar. Frenar.

No me quedó otra que soltar el control de mi cuerpo y de mi vida, escucharme y hacer lo que me pedía yo misma y, sobre todo, mi bebé. PARAR...

Algo que no me he permitido en 38 años de vida, algo que me aterraba y que me enfrentaba con lo más profundo de mi ser.

El embarazo está siendo una terapia de choque y, al mismo tiempo, un encuentro con mi niña interior y con lo que nunca me permití ser.

No es un proceso fácil, o por lo menos no resulta sencillo para mí, pero me hace conectar con mi paz interior y disfrutar de cada instante como si fuesen sentimientos encontrados.

No quiero romantizar el embarazo. No lo haré. Durante este proceso de crear vida hay momentos difíciles, como en cualquier otra etapa. Pero me estoy permitiendo verme y sentirme vulnerable para abrazarme y amarme a mí misma como nunca lo había hecho, porque solo así aprenderé a amar a mi hija y a mi entorno.

Todo empieza y radica en mí.

Estar embarazada también es vivir con la ansiedad y el miedo de que algo pueda pasar, estar sumamente agotada, aunque no haya corrido una maratón; tener dolores y sensaciones desconocidas en el vientre que a veces no comprendes; experimentar cambios de humor mil veces por minuto.

El embarazo es el mayor desafío al que me he enfrentado en mi vida.

Hay embarazadas que lo pasan mal física y psicológicamente y otras que no se dan cuenta. Este reto de mi vida trae consigo un montón de cambios y situaciones difíciles de asimilar. Los cambios siempre dan miedo, porque arriesgas y te pones ante una situación que a veces no puedes controlar, pero soltar ese control es la mayor de las terapias a las que me he enfrentado, liberarme de la culpa por no verme perfecta ni hacer las cosas perfectamente perfectas, como están estructuradas en mi cabeza.

Estoy transitando por la imperfección y esto me hace valorarme más y acercarme más a mí misma.

Siento que estoy creando una vida que realmente amo. Una de esas vidas que, cuando estás un ratito a solas contigo, te hacen pensar: «Qué bien lo estoy haciendo».

Estoy creando un hogar donde la paz y la estabilidad son la base para poder criar a mi hija y que nunca tenga que huir ni fugarse, como yo lo hice.

Prepararme para la maternidad me ha acercado a la reconciliación conmigo misma y con mi salud.

Este libro ha sido un punto de inflexión en mi vida.

Estás leyendo las últimas páginas de una etapa, que toca a su fin, y, cuando gires la última, estará comenzando un nuevo capítulo para mí: una etapa más auténtica, más yo.

No tenía claro que estas páginas finales fueran a ver la luz. De hecho, mi editora no lo veía muy claro. Pero quiero que lo leas para contarte en qué punto de mi vida estoy y cómo me siento.

Me siento en coherencia conmigo misma.

He aprendido a abrazar la inflamación mental, intestinal, física.

Estoy sana de cuerpo y de mente, porque, si no fuera así, no podría haberme quedado embarazada: antes me tenía asfixiada a mí misma en todos los aspectos, sufría una revolución hormonal y metabólica que me habían hecho perder el norte. La enfermedad me paraba.

Ahora soy yo por encima de mí misma.

He asumido el aprendizaje.

Las mujeres hiperexigentes, cargadas de TOC, no son reales ni sostenibles en el tiempo.

He aprendido a trabajar la estética desde la salud y la coherencia.

Me he visto volver a empezar. Hoy sé que es posible. Que todos los finales son comienzos.

Ser yo por encima de mí misma me ha devuelto la vida. Y gracias a ello hoy soy capaz de dar a luz vida nueva.

CARTA A LA NIÑA DE LOS OJOS MARRONES

Querida yo del pasado:

Quiero que sepas que casi nada ha salido como habías imaginado, pero hay algo grandioso en la historia que seguirás viviendo. La vida te sorprenderá de formas que hoy ni siquiera puedes concebir.

Aprenderás a no necesitar a nadie para ser feliz salvo a ti misma. Descubrirás que la llave para abrir la puerta de tu vida está en aprender a quererte bien. Aunque el camino no será fácil, lo conseguirás y eso hará que cada paso valga la pena.

Sé que el miedo ha sido una sombra constante en tu interior. Me encantaría abrazarte ahora mismo y hacerte sentir segura, pero también sé que eres capaz de superar cualquier cosa. Tienes una fortaleza innata que te permitirá reinventarte todas las veces que sea necesario. Lo harás por completo.

Nada de lo que estás viviendo es permanente, aunque ahora lo repudies y desees huir al fin del mundo; aunque te sientas atrapada en una rueda agotadora, recuerda: no estás estancada, estás en movimiento, incluso cuando no lo percibas.

No imaginas la inmensa cantidad de opciones que tendrás en tus manos. Crearás un mundo nuevo desde cero: tu mundo. Tomarás decisiones —algunas más fáciles, otras tremendamente complicadas—, pero lo importante es que un día decidirás mirar atrás para entenderlo todo. Ese acto de valentía te permitirá convertirte en quien realmente eres y caminar con la cabeza bien alta.

Te aplaudo porque, a pesar de todo lo que has pasado, has sobrevivido con una valentía sobrehumana y has brillado hasta con el alma rota. Te admiro, pequeña. Gracias a ti soy la mujer en la que me he convertido hoy.

Estate tranquila. Yo me encargaré de que cuando la tormenta termine, no seas la misma persona que entró en ella. Esa tormenta te dará el sentido de la vida. Es verdad que te volverás extremadamente autoexigente; querrás hacer todo perfecto. Llegar a todas partes, cumplir listas interminables. Pero esa búsqueda de perfección será tu forma de sanar, tu forma de evitar el dolor. Aprenderás a dejar de luchar contra ti misma.

Crecerás antes de tiempo y evolucionarás en circunstancias a las que nadie debería enfrentarse tan joven. Pero no te olvides: crecer es cambiar y tus momentos más dolorosos de la vida te harán expandirte con fuerza. Cuando ese dolor se vaya, quedará mucho espacio en ti para rellenar de todo lo que no pudiste tener y tanto ansiabas: amor. Y un montón de cosas más que ni tu imaginación ni creatividad sin límites puedan llegar a imaginar ahora.

Conocerás el amor más puro del mundo. La primera vez que lo toques será como sentir el hogar que siempre habías buscado. Un hogar en el que nunca habías estado. Un hogar que nunca has conocido, pero que sin saberlo querías construir.

En él te sentirás segura, querida, en paz.

Tienes que saber que cuando elijas tu calma y tu bienestar, vendrán acompañados de despedidas. Decidir empezar a vivir en lugar de sobrevivir será clave para ti. Necesitarás seguir empujando con fuerza hasta el final, pero lo lograrás, porque eres mucho más fuerte de lo que yo jamás pude imaginar.

El equilibrio en la vida no es un punto estático, se encuentra en continuo movimiento, como tú: inquieta y aparentemente inquebrantable. El día que muestres al mundo tu vulnerabilidad crecerás expandiéndote como la pólvora. Es ahí donde estará tu ansiado equilibrio.

Tendrás amigos con los que, de pronto, nada te unirá y por el camino de la vida encontrarás a personas maravillosas con las que jamás imaginaste tomarte ni un café. Transitarás caminos que juraste no recorrer, y todo aquello que te juraste no hacer lo acabarás haciendo con los ojos cerrados. La vida es una continua ironía. Te sorprenderás a ti misma y sentirás un orgullo inmenso, sin miedo ni recriminaciones. Ese día llegará, te lo prometo.

El secreto del cambio y la evolución estará en dejar de luchar con el pasado viviendo anclado a él y huyendo constantemente de los monstruos que en él habitan. Dejarás de tener miedo a fracasar y, en este sentimiento, estará el resurgir de tu éxito.

También habrá momentos en los que querrás rendirte, pero no lo harás. La fuerza, el coraje y la intensidad serán tus pilares. Fuerza para enfrentar los problemas con la cabeza bien alta; coraje y valor para empezar de nuevo las veces que sean necesarias; e intensidad para amar y dar sin límites. Aprenderás a amar de verdad entregándote sin temor, porque descubrirás que el amor verdadero siempre regresa multiplicado.

En la belleza y en la creatividad encontrarás tu salvación cuando todo esté tremendamente oscuro. Abrazarás el cambio de caminar por una nueva era de ti misma, en la que, a pesar del vértigo, será clave para tu evolución y transformación vital.

Todo lo que estás viviendo te llevará exactamente al lugar donde sueñas estar, aunque hoy parezca imposible.

No tengas prisa, pequeña; todo, incluso lo más oscuro, te hará brillar hasta dejarles ciegos.

Te doy las gracias más profundas que puedo expresar. Porque tú, con tu valentía, me enseñaste que cuando la situación no puede ser transformada, eres tú misma la que debes transformarte.

A veces perder es ganar, y no tener lo que se ansía y se busca es encontrarse.

Es hermoso ver que, cuando más nos distanciamos de la idea de perfección, más nos acercamos a ella. Cuando te has permitido ser una versión de ti menos exigente, te has acercado a una versión de ti que es la más cercana a la más perfecta de todas. Perfectamente tú.

Querida yo del pasado, sé que te inunda un sentimiento tremendo de miedo, pero puedes con ello. Te miro con orgullo. Te siento con fuerza.

Con amor,

Tu yo del futuro.

AGRADECIMIENTOS

A mi mayor pilar y apoyo, mi marido, Chino. Gracias por escucharme y llenarte las manos de admiración por mí. Gracias por enseñarme que el amor sí que existe a pesar de mi dolor. Por tirar desde arriba y empujar desde abajo.

A mi Jefe, porque sé que, desde donde quiera que estés, me estarás mirando orgulloso. Gracias por mostrarte tal y como eres y recordarme todo lo que me querías antes de marcharte. Pero, sobre todo, gracias por mandarme el mejor de los regalos justo después de tu último vuelo directo al cielo.

A mis amigas Cifu, Clara y Vir. Por ser mi «vitamina». Por ser las risas y gran parte de mis alegrías. Y por recordarme quién soy cuando me siento perdida. Sois extraordinarias.

A mis hermanos, porque, a pesar de las adversidades, siempre hemos sido y seremos una piña.

A Marian Rojas Estapé, mi psiquiatra. Por devolverme a la vida cuando más perdida estaba y por enseñarme a enfrentarme a los monstruos de mi cabeza y ayudarme a redescubrirme como la mujer que realmente soy.

A la editorial Espasa, por volver a confiar en mí con este segundo libro y creer en mi historia.

A Virginia, mi editora, por impulsarme a poner nombres y apellidos a todo lo que he vivido.

A Noelia, por ayudarme a dar forma a mis palabras, mis folios interminables, mis pensamientos y mis recuerdos. Gracias por las sesiones en las que las lágrimas, nunca mejor dicho, quedaron escritas en un papel.

A Olga Marset, mi *coach* de comunicación y gran amiga. Por guiarme en este viaje de plasmar mi vida en un libro. Por enseñarme que la clave para poder comunicar es escucharme a mí primero, olvidarme de mí después y entregarme a aquellos que quieran escuchar mi historia. Al final, acabaré adorando tus famosas «cajitas».

A mi equipo, especialmente a Carla, por querer acompañarme y formar parte de mi historia.

A mis cuñados, por convertiros en hermanos y ser testigos de mi evolución. Gracias también por vuestro apoyo mientras escribía este libro.

Y a todas las personas que han formado parte de mi historia y de estas páginas.